Cheyong Qizhong Weiban de Kaifa yu Yingyong

车用起重尾板的开发与应用

交通运输部公路科学研究院　编著

人民交通出版社股份有限公司
北　京

内 容 提 要

本书对车用起重尾板的诞生、发展历程、标准情况及技术发展趋势进行了介绍，并详细阐述了《车用起重尾板》(QC/T 699—2019)、《车用起重尾板安装与使用技术要求》(GB/T 37706—2019)标准条文的具体内涵、技术依据和应用要求等。

本书可供行业管理部门、尾板生产企业、车辆生产企业、试验检测机构、道路货运企业等参考使用，可帮助相关人员全面、准确理解相关标准内容，并正确、规范地贯彻执行标准。

图书在版编目(CIP)数据

车用起重尾板的开发与应用 / 交通运输部公路科学研究院编著. —北京：人民交通出版社股份有限公司，2020.7

ISBN 978-7-114-16522-1

Ⅰ.①车… Ⅱ.①交… Ⅲ.①汽车运输—起重机械—装卸设备 Ⅳ.①U492.3

中国版本图书馆 CIP 数据核字(2020)第 078253 号

书　　名：**车用起重尾板的开发与应用**
著 作 者：交通运输部公路科学研究院
责任编辑：钟　伟
责任校对：孙国靖　魏佳宁
责任印制：刘高彤
出版发行：人民交通出版社股份有限公司
地　　址：(100011)北京市朝阳区安定门外外馆斜街 3 号
网　　址：http://www.ccpcl.com.cn
销售电话：(010)59757973
总 经 销：人民交通出版社股份有限公司发行部
经　　销：各地新华书店
印　　刷：北京盛通印刷股份有限公司
开　　本：787 × 1092　1/16
印　　张：9.75
字　　数：178 千
版　　次：2020 年 7 月　第 1 版
印　　次：2020 年 7 月　第 1 次印刷
书　　号：ISBN 978-7-114-16522-1
定　　价：65.00 元
(有印刷、装订质量问题的图书由本公司负责调换)

编 写 组

主　编：宗成强

副主编：张红卫　王泽黎　高国有

组　员：张　浩　冯会健　梁上愚

区传金　陈　韬　张学礼

张　莹　李　月

前　言

物流业是支撑经济社会发展的基础性、战略性产业，市场需求巨大，发展空间广阔。加快物流业发展是推进供给侧结构性改革、增加公共产品和公共服务供给的重点方向，是扩大有效投资、促进城乡居民消费的重要手段，是消除瓶颈制约、补齐薄弱短板、提升国民经济整体运行效率的重要途径。按照党中央、国务院关于推进供给侧结构性改革和降低实体经济成本的决策部署，为解决物流领域长期存在的成本高、效率低等突出问题，大力推动物流业降本增效，推进物流业转型升级，提升行业整体发展水平，更好地服务于经济社会发展，2016 年，国家发布了《物流业降本增效专项行动方案(2016—2018 年)》(国办发〔2016〕69 号)。

2018 年 5 月 16 日，李克强总理在国务院常务会议上强调，要进一步加大力度推进简政放权和减税降费，降低制度性交易成本和企业负担，促进物流降本增效，助力经济发展，明确指出要“制定货车加装尾板国家标准，完善管理”，将其作为国家层面上促进物流业降本增效的重要措施①。车用起重尾板(以下简称尾板)是一种安装在车辆上，用于快速装卸货物的专用举升装置。科学、合理并规范地安装与使用尾板对提升货物装卸效率、节约人力资源、提高运输组织效率，推进货运行业转型升级和高质量发展，促进物流业降本增效具有积极意义，是现代化物流运输的必选设备。早在 2004 年，我国已参考欧洲货运尾板标准，制定了尾板的汽车行业产品标准《车用起重尾板》(QC/T 699—2004)并组织生产和使用，按照行业标准管理的相关规定以及行业实际情况，近几年完成了该行业标准的修订工作，新修订的产品标准已于 2020 年 1 月正式实施。2015 年 4 月，为适应物流业发展需要，交通运输部立项研究制定并发布了《车用起重尾板加装与使用技术要求》(JT/T 962—2015)，提出了尾板加装的技术要求、使用要求和检验要求，对规范在用车尾板加装与使用管理起到了促进作用。

① 资料来源于《人民日报》(2018 年 05 月 17 日 01 版)。

为落实国务院常务会议精神,按照交通运输部、工业和信息化部等部委任务分工及工作部署,由交通运输部公路科学研究院负责牵头组成项目组制定尾板加装的国家标准。本着标本兼治、认真负责的态度,经过充分研究论证将国标制定计划名称中的“尾板加装”改为“尾板安装”,国家标准《车用起重尾板安装与使用技术要求》(GB/T 37706—2019)于2019年5月10日发布、12月1日正式实施。

为便于使用者对《车用起重尾板》(QC/T 699—2019)和《车用起重尾板安装与使用技术要求》(GB/T 37706—2019)两项标准的理解、掌握,交通运输部公路科学研究院组织编写了《车用起重尾板的开发与应用》一书。本书是在标准研究制定过程中所进行的大量市场调研、技术开发、试验验证、实际操作的基础上,对《车用起重尾板》(QC/T 699—2019)和《车用起重尾板安装与使用技术要求》(GB/T 37706—2019)标准条文的具体内涵、标准条款制定的技术依据、标准实施要求等进行了全面阐述。近日,国家发展和改革委员会、交通运输部联合下发了《关于进一步降低物流成本的实施意见》(国办发〔2020〕10号),将进一步推动物流降本增效,加快恢复生产生活秩序,促进实体经济提质增效,以便于适应建设现代化经济体系、推动高质量发展的要求。本书可为行业管理部门、尾板生产企业、车辆生产企业、试验检测机构、道路货运企业和社会各界人士,全面、准确了解相关标准内容,并正确、规范地贯彻执行标准要求提供帮助。

本书共分四大部分,由宗成强担任主编,进行内容策划、技术指导、全文统稿。第一部分介绍了尾板的技术发展与应用以及未来发展趋势,主要由交通运输部公路科学研究院的宗成强、张红卫以及深圳市凯卓立液压设备股份有限公司的王泽黎参与编写;第二部分是《车用起重尾板》(QC/T 699—2019)释义,对尾板产品的内涵、制定依据、实施要求等进行了详细说明,主要由汉阳专用汽车研究所的高国有、冯会健、陈韬、张莹以及深圳市凯卓立液压设备股份有限公司的梁上愚参与编写;第三部分是《车用起重尾板安装与使用技术要求》(GB/T 37706—2019)释义,对尾板安装的内涵、制定依据、实施要求等进行了详细说明,主要由交通运输部公路科学研究院的宗成强、张浩、区传金参与编写;第四部分的附录列举了近2年有关尾板产品及其安装应用的政策性文件,主要由交通运输部公路科学研究院的张学礼、李月负责整理。

交通运输部公路科学研究院、深圳市凯卓立液压设备股份有限公司、陕西安中汽车尾板股份有限公司、东莞市达成机械设备制造有限公司、汉阳专用汽车研究所、山东水泊焊割设备制造有限公司、江铃汽车股份有限公司、山东唐骏欧铃汽车制造有限公司、南京依维柯汽车有限公司、东风专用汽车有限公司等单位的有关同志参加了两项标准的研究制修订工作，交通运输部科技司、工业和信息化部科技司、交通运输部运输服务司以及全国道路运输标准化技术委员会秘书处、全国汽车标准化技术委员会秘书处、中国物流与采购联合会相关人员对标准的制修订工作提供了全方位的技术指导和服务，在此对所有参与相关技术研究，为本书编写提供支持、指导和帮助的领导、专家、工作人员一并表示衷心感谢！

由于作者水平有限，书中难免有疏漏与不足之处，敬请读者批评指正。

编写组

2020 年 6 月

公司、山东唐骏欧铃汽车制造有限公司、南京依维柯汽车有限公司、东风专用汽车有限公司等单位的有关同志参加了两项标准的研究编制工作，[illegible]通过编制[illegible]行业[illegible]标准[illegible]

[illegible]

[illegible]

[illegible]

目　　录

第一部分　车用起重尾板的技术发展

第二部分　《车用起重尾板》(QC/T 699—2019)释义

第三部分　《车用起重尾板安装与使用技术要求》(GB/T 37706—2019)释义

第四部分　附　　录

第一部分　车用起重尾板的技术发展

第一章　车用起重尾板的诞生

车用起重尾板(以下简称尾板)是一种安装在车辆上,用于装(上)、卸(下)货物(人员)的举升装置,其可将数百千克至数吨货物从地面举升至车厢承载面上或从车厢承载面下降移动至地面。尾板按照被装载物的性质,可分为载人尾板和载货尾板两种类型。尾板功能强大、高效安全、应用广泛、方便灵活,是现代物流配送的好帮手,更是公路货运必不可少的重要设备。尾板不仅结构型式多样,品种丰富,还具有很多个性化辅助功能,可以适应不同的车辆或应用场景,满足厢式货车、封闭式货车、挂车、仓栅车以及特种车等各类车辆的安装,这些车辆覆盖了干线运输、城市物流配送、冷链运输、特种运输等业务,特别是尾板配合托盘进行标准货物单元的装卸,显著提高了货物装卸效率。

根据有关产品和企业发展资料的记载,尾板的正式应用可追溯到20世纪30年代末的北美地区,是伴随着液压系统的成熟而产生的。1939年,美国人Frank A. Novotney提出了一种可安装在车辆后部用于装卸货装置的设计理念并申请了专利,专利于1940年获批(图1-1),随后与William C. Anthony、Lawrence Walker等几人通力合作,最终完善了设计并投产。Frank在申请专利时将其称为"End Gate Loader",但在1941年William将该产品正式推向市场时,以"Liftgate"作为产品商标进行销售。随着尾板在运输市场接受度的不断提升,Liftgate也成了尾板的通用名称。

随后尾板在北美地区相关公司被广泛应用,如图1-2所示。图1-2a)为20世纪40年代Anthony公司的广告宣传材料;图1-2b)为Suppose U Drive公司使用尾板装卸油桶。

在欧洲,尾板是在第二次世界大战结束后才出现的。最初,尾板是用在荷兰、联邦德国的农用机械上,利用农用机械的液压部件加上简单的机械结构,自行设计、制造、改装、安装了具有升降起重功能的简易设备,用于运送农机具、化肥以及收获的农作物,这也就是欧洲尾板的雏形。尾板在欧洲诞生后,普遍被称作Tail-lift。到了20世纪50~60年代,随着尾板应用范围的不断扩大,其结构型式也逐渐多样化,并越来越受到广大用户的欢迎。一些小型运输企业、拖拉机改装企业及农机具制造厂或修理改装厂敏锐地发现这一商机,将尾板作为企业的一项新的业务,开始面向广大农户承接这种简易尾板的生产和安装。20 世纪 60 年代的尾板产品结构型式还比较简单，产品随意性大，专业化、标准化程度低，适用性、通用性不强，安装和使用也不是很方便。此外，整个市场也相对狭窄，价格较高。在这一发展阶段，尾板从个人自己动手制作向专业化生产转型过渡，从简单的机构助力逐步发展到具备相对独立的产品结构和功能，也从田间地头走向了物流市场。直到 20 世纪 60 年代末 70 年代初，尾板演变成一种专用产品进入大众视野，正式登上“舞台”。

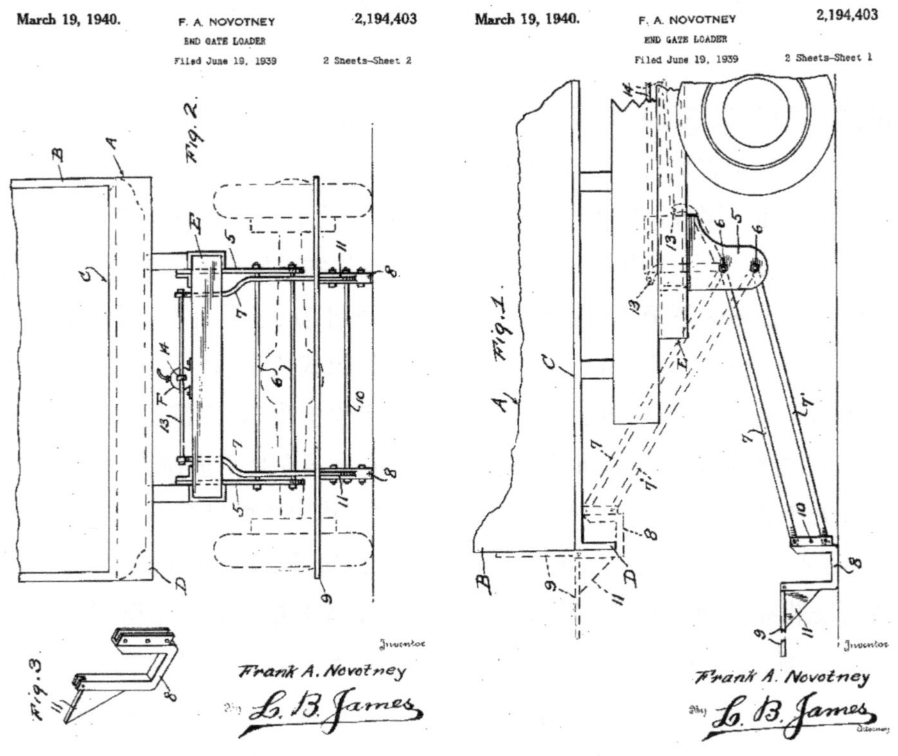

图 1-1　Frank 申请的尾板专利

a)Anthony公司的尾板产品

b)Suppose U Drive公司使用尾板作业

图 1-2　20 世纪 40 年代尾板在美国使用情况

第二章　车用起重尾板的发展历程和现状

进入20世纪70年代,随着汽车制造、工艺和材料技术的突破,以及标准化建设、快速物流体系的飞速发展,推动尾板进入了快速发展阶段。欧美等国家和地区出现了越来越多的尾板设计与生产企业,尾板也正式发展为结构相对独立、功能日趋完整的产品。随着工业化生产的推进,尾板专业化、标准化程度得到大幅提升,适用性、通用性也极大增强。也就是从这个阶段开始,尾板“脱胎换骨”,彻底蜕去传统搬运机具的“外衣”,以崭新的面貌融入现代物流发展中。

随着机电技术、基础材料等领域的全面发展,各种小型化电子元器件产品纷纷面世,其在功能、性能、可靠性等技术指标方面完全可以满足产品小型化的需求。尾板普遍采用以车载蓄电池作为动力来源的直流驱动液压技术,这使得尾板制造、安装和使用维护更加简便,结构愈发紧凑。在液压技术方面,小型化液压元件和系统提高了设备的集成度,体积更小,能耗更低。专业化生产使产品的种类迅速增加,产品的质量、可靠性提高的同时,成本得到了有效控制。在一系列有利因素的推动之下,20世纪80年代末90年代初,尾板在美国、西欧主要工业化国家得到快速普及,产品应用领域和覆盖范围迅速扩大。随着尾板产品研究的深入,欧美等国家和地区按照尾板产品的用途,对其进行了细分,分为载人尾板和载货尾板两大类,并提出了相应的产品标准和质量要求。

经过半个多世纪的发展,尾板作为一种随车装卸设备所具备的高效、便捷、安全特性已经为广大用户所熟知。在尾板发源地之一的西欧各国,市场早已达到动态平衡,整个社会货运车辆尾板的安装率达60%～80%,在美国、加拿大、日本、澳大利亚、新加坡等国家,尾板的安装率也超过了60%。在我国香港地区,尾板的安装率更是超过95%。而在我国大陆地区,尾板的安装率依然很低,仅为5%左右。但近年来,新进入货运行业车辆的尾板安装率呈现快速增长态势,以每年约30%的速度递增。

尾板是我国改革开放后的产物,原陕西汉中天达航空工业集团依托航空企业的科技设备优势,于1990年就引进了欧洲先进技术,在国内推出“汽车液压装卸尾板”产品。但尾板真正作为实用化产品出现是在1995年10月,诞生在改革开放前沿的深圳。改革开放为我国经济、社会的腾飞插上翅膀,也带来文化、观念上的深刻变革。当时主要受到香港企业和跨境公路物流的影响,深圳市凯卓立液压设备有限公司在国内首先专业开展尾板的研发生产、安装服务,成为国内尾板行业“第一个吃螃蟹的人”。“车用(载)起重尾板”是深圳市凯卓立液压设备有限公司结合 Liftgate 和 Tail-lift 英文名称及使用场景的中文译名，通常称为“尾板”。经过 20 多年的发展，我国的尾板产品从无到有，行业从小到大，企业由弱到强，市场从深圳拓展到珠三角地区、长三角地区，再到京津地区，直至遍及全国、进军海外。

尾板作为一种安装在车辆上的装置，相关技术的选用与车辆装备的发展密切相关。由于不同国家地区车辆管理法规不同，例如美国实行“自我认证制度”，欧洲、中国实行“型式认证制度”，因此，也造成了尾板产品发展的技术路线存在较大差异。“自我认证制度”是指政府发布技术法规后，生产企业保证向市场销售符合法规的产品，销售前车辆不需要到政府主管部门指定的检测机构检测；政府对企业销售的车辆实施抽检，如有不符合技术法规的产品，强制要求企业实施召回处理。“型式认证制度”是指产品销售前，企业需向政府主管部门申请，提供样车（或样品）到政府授权的检测机构检测，检测合格后，由政府主管部门批准，得到批准后产品方能销售，企业在批量生产时需保证批量生产的产品与样车（或样品）一致，同样符合技术法规的要求，政府主管部门还要对企业生产产品的生产一致性进行监督，这种认证制度的特点是政府全过程介入企业使产品符合技术法规的活动，产品的投产需经过政府的批准。

总体来看，在美国“自我认证制度”下的零部件企业及车辆生产企业有着更大的自主权，且美国许多标准规定内容比较宽泛，对个别产品细节及技术路线方面进行了较少的约束，但要求企业更诚信和自律，一旦出现不符合要求的产品将面临巨大的处罚和经济损失。而采用“型式认证制度”的国家，则是制定了相关的产品标准及辅助安装规范，以达到规范管理的要求，同样，企业在过程管控和一致性保证等方面要采取各种措施，一旦出现问题也会受到相应的处罚。

尾板属于一种典型的机电液一体化产品，一般包含一整套液压动力系统和驱动系统、电器控制系统以及结构形态各异的机械结构。传统的尾板机械结构多用普通钢材制造，进入 21 世纪后，随着商用车领域环保技术和轻量化技术研究的不断深入，大量新技术和新材料得到了越来越广泛的应用。尾板作为一种车载设备，已成为众多城市物流配送车辆的优先选配装备，在车辆技术进步的同时，高强度钢材、高强度铝合金、复合材料等也应用到尾板的设计中，激光焊接、电子束焊接、摩擦搅拌焊接以及复合粒子渗透等新技术在生产中的使用，使得尾板产品的自身质量大幅降低，可靠性和寿命有了显著提升，同时也提高了车辆的有效装载质量，在节约能源、降低排放、提高经济效益等方面取得了显著效果。

目前，尾板生产规模和产量位于世界前列的知名企业（品牌）包括比利时的 DHOLLANDIA，德国的 MBB（PALFINGER），瑞典的 ZEPRO，德国的 Bär，意大利的 ANTEO，美国的 Maxon lift、Tommy gate、Waltco，中国的凯卓立、牛力等，其他有一定规模的企业（品牌）包括德国的DAUTEL、SORENSEN，中国的达成、安中等。日本的车辆管理以“型式认证制度”为主，又结合了“自我认证制度”中的产品召回，在相关约束下，尾板企业规模不大，且大多隶属于专用车（商用车）生产企业，如福禄好富（FRUAHEUF）、极东开发（Kyokuto）、新明和工业（Shinmaywa）等。

尾板在欧美的发展有着较大的不同，在美国主要经历了专利保护→结构创新→专利保护失效→自由发展→技术创新的过程；在欧洲主要经历了自由发展阶段→制定标准→规范发展→功能细化升级的过程。在美国，由于专利保护严格，且当时尾板需求量也较低，导致前期尾板技术停滞不前，直至20世纪60年代这一现象有所转变，出现了新结构型式的尾板。在最早申请的尾板专利失效后，美国尾板进入了自由发展期，加之物流业的高速发展，对尾板的需求量急剧增加，企业之间的竞争明显加大，因此，尾板企业加大了技术创新，采用新技术、新材料改进原有设计，从而使自己在激烈的市场竞争中处于优势地位。在欧洲，尾板经历了农用机械改装的自由发展阶段后，相关产品也随着物流业的发展而逐步定型，为了能够确保尾板产品的规范，按照欧洲车辆管理体系，20世纪70年代末，欧洲相关国家开始制定尾板产品及安装的标准，例如英国的BS 6109系列标准，将尾板分为载人尾板和载货尾板两大类，并规定了具体安装方式。在欧盟成立后，相关标准逐渐转化为欧洲标准，尾板的功能更为细化，产品轻量化、小型化趋势更为明显。目前国外主流尾板应用如图1-3所示。

a)

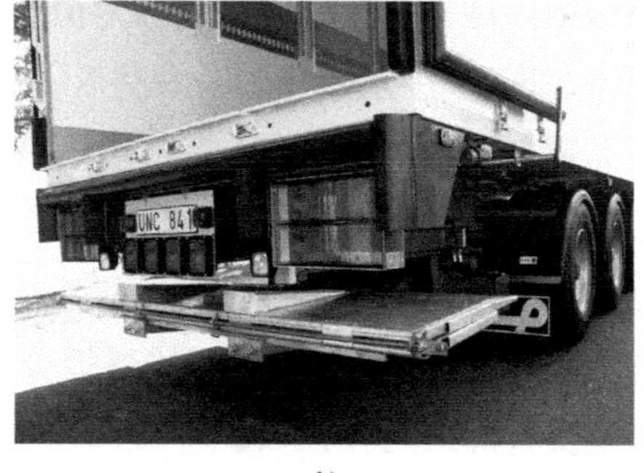

b)

c)

d)

图1-3　国外形形色色的尾板

尾板在国内的诞生、发展和壮大与国内经济发展、人工费用增长以及消费方式变化所带来的物流模式变革密不可分。1995—2010年间,国内尾板市场相对处于培育、导入阶段,同时受制于改装车行业法规影响,市场总量增长平缓。在2008年金融危机后,随着相关物流理念的变化,尾板市场进入了成长阶段,产品生产与应用覆盖范围急剧扩大,涉足的业内企业和产量取得了迅速增长。虽然早在2004年,我国已颁布并实施了汽车行业标准《车用起重尾板》(QC/T 699—2004),但其作为推荐性标准,企业会根据实际需要选择是否执行该标准,尾板基本处于野蛮、无序的生产状态。由于生产、安装和管理无法可依,且市场有着较大的刚性需求,许多企业见到了商机,一哄而上,在短短几年时间,国内便涌现出近百家大大小小的尾板生产及改装企业。这些企业鱼龙混杂,大多产品抄袭成风、恶性竞争,质量和服务参差不齐,真正拥有研发能力和运维保障实力的少之又少。时至今日,成规模的尾板生产厂家主要分布在珠三角和长三角地区,比较知名的企业有深圳凯卓立、东莞达成、陕西安中、三能、海格力士、中山牛力等。现有的小型尾板企业生产能力和产品覆盖范围有限,绝大部分未开展产品的第三方型式试验,对产品质量安全重视不足,使用者主要为个体运输户,产品的安全、质量主体责任难以落实,无法得到有效监管,给用户带来安全隐患和给行业带来巨大的负面影响。2017年,我国开展了环保专项整治行动,提高了行业准入门槛,同时清理了一批污染不达标的企业,在一定程度上规范了尾板行业的有序发展。

目前国内尾板企业除了满足国内市场外,部分企业积极开拓海外市场,相关尾板产品还出口东南亚、中东、非洲、澳大利亚、南美洲以及我国港澳台地区。经过多年技术研发与产品更新换代,我国尾板产品与欧美产品相比性价比优势明显,最新产品已经可以与欧美主流产品“同场竞技”,显现出日渐强大的竞争力。

目前,销售最多的是载货尾板,从其产品设计、结构、外观以及用户使用方式等因素综合考量,可以把全球市场使用的尾板分为四种风格。第一种是主要用于北美地区和英国的垂直升降式尾板,承载平台为整体或折叠,外形结构比较刚劲、粗犷,自重比较重,通常单次起重质量在1t以上。第二种是主要用于欧洲地区的悬臂式和下藏式尾板,特别是使用悬臂式尾板时,尾板的承载平台替代厢式货车后门,使尾板与货厢融为一体,既实用又节约成本和质量。第三种是主要用于日本的悬臂式和垂直升降式尾板。与欧美地区的尾板不同,日本的尾板结构更精细,完全采用汽车零部件的设计思路和制造工艺,尾板质量轻,结构精致、小巧,完全与货厢融为一体,使其成为厢式货车的部分零部件。第四种是主要用于我国大陆地区的尾板。我国大陆地区的尾板虽然诞生较晚,但受欧洲尾板风格的影响较大,有强烈的“欧派”基因,兼收并蓄,已经了具有以下鲜明特色:①零部件全部实现国产化,生产能力强大,并为全球提供超过60%的零部件;②产品结构简单、性价比高、可靠性好,特别适合国内多样化的地理、气候环境;③拥有专业为电动汽车配套的各种尾板。从使用者的视角来看，美式尾板简单、粗笨、耐用，日式尾板轻巧、价格昂贵，使用维护要求比较严格。两个地区的尾板都与其物流系统有关，自成体系，且都未在其他国家或地区广泛应用。而欧式尾板无论是质量、可维修性、价格等都适中，在日本和北美地区之外的其他国家和地区得到广泛的应用。而近年来随着我国大陆地区尾板生产的不断发展，也已具备了较强的实力。

载人尾板（图1-4）最早出现在发达国家，其主要是为了便于老年人及残障人士等乘车不便人士而设计推出的，因而也被称为轮椅升降器（Wheelchair Lift）。在经过了30年多的发展后，载人尾板也有多种结构样式，包括在运动型多用途汽车（SUV）、多用途汽车（MPV）及大、中、小型客车后部及侧面使用的尾板。与载货尾板相比，载人尾板的额定载荷较低，因而其结构更为小巧、轻便。常见的结构型式有内嵌旋转式、垂直提升式、台阶式等，部分结构可与车辆融为一体，通常情况下可降落至地面，以实现载人需求。

a)

b)

c)

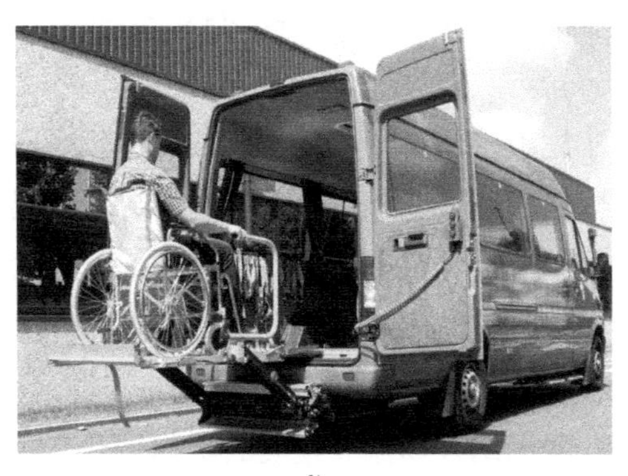

d)

图1-4　载人尾板

第三章　国内外与车用起重尾板相关的法规标准发展情况

目前车辆技术方面的法规和标准以欧、美、日三大主流体系为主，在欧洲，英国较早制定了起重尾板标准及规范，其在《与车辆相关的尾板、移动举升装置、活动坡道——尾板操作规范》(Tail lifts, mobile lifts and ramps associated with vehicles. Code of practice for tail lifts, BS 6109—1:1981)以及《与车辆相关的尾板、移动举升装置、活动坡道——客用举升装置与活动坡道操作规范》(Tail lifts, mobile lifts and ramps associated with vehicles. Code of practice for passenger lifts and ramps, BS 6109—2:1989)对尾板产品的技术要求、安装要求及检验要求作出了规定。在欧盟成立后，发布了尾板产品的欧洲标准，例如针对载货的《尾板　安装在轮式车辆上的平台式升降装置　安全要求　第1部分：载货尾板》(Tail lifts—Platform lifts for mounting on wheeled vehicles—Safety requirements—Part 1—Tail lifts for goods, 2008年进行了小幅修正，标准号为EN 1756—1:2001 + A1:2008)，针对载客的《尾板　安装在轮式车辆上的平台式升降装置　安全要求　第2部分：载客尾板》(Tail lifts—Platform lifts for mounting on wheeled vehicles—Safety requirements—Part 2—Tail lifts for passengers, 2009年进行了小幅修正，标准号为EN 1756—2:2004 + A1:2009)，与英国原有标准相比，新修订的欧洲标准，更加注重对尾板产品自身的要求，而对于尾板使用的相关标准，则不再涉及，相关要求以不同形式的作业指导文件发布，如英国健康与安全执行局(HSE)颁布了一系列关于尾板操作的指南性文件。在美国，交通部下属的美国高速公路安全管理局在联邦汽车安全技术法规(FMVSS)第49章的第571部分，规定了尾板系统的安全与安装基本要求。此外，我国香港地区的劳工处也对尾板安装、使用提出了相关要求。

我国结合物流业发展的实际需要，于2004年首先制定并实施了汽车行业标准《车用起重尾板》(QC/T 699—2004)，从产品角度对尾板的类型、参数、技术要求、试验方法等进行了规定。按照标准管理的相关要求以及尾板行业的发展现状，2018年开始着手对该标准进行修订，新标准于2019年发布，与2004版标准相比，增加了术语和定义、后下部防护要求、限位装置要求、防护要求等，进一步规范了尾板设计、生产、安装及使用过程中的技术要求、安全要求、试验方法和检验规则等，相关要求更为具体明确，有利于提升产品质量和作业安全。在《车用起重尾板》(QC/T 699—2019)实施过程中发现，各尾板制造企业产品型号编制规则各异，不能集中反映车用尾板的主要参数、性能指标，影响后期的普及推广。同时，车用尾板产品结构多样，性能指标也依据使用场景的不同，参数各异，没有统一的型式判定规则，极大地增加了生产企业的检验成本。标准相关起草单位结合实际情况起草了标准第1号修改单，目前正由全国汽车标准化技术委员会专用汽车分技术委员会对外征求意见。

随着人们对尾板便捷高效优势的认可，其安装量不断加大，货运车辆非法安装尾板问题日益突出，为了规范管理、解决问题，2015年，由交通运输部公路科学研究院联合国内主要尾板生产企业、改装车企业联合制定了交通运输行业标准《车用起重尾板加装与使用技术要求》(JT/T 962—2015)，该标准规范了对尾板产品的加装、使用技术要求，在一定程度上解决了尾板非法安装的问题。

早在2012年，我国工业和信息化部、交通运输部、公安部等部委便联合启动了《道路车辆外廓尺寸、轴荷及质量限值》(GB 1589—2004)的修订工作，历经多次技术研讨，新修订标准最终于2016年发布实施。新修订标准名称为《汽车、挂车及汽车列车外廓尺寸、轴荷及质量限值》(GB 1589—2016)，部分技术内容参考了欧盟的96/53/EC，在该标准附录A中规定“不具备载货功能的以下装置不在车辆长度测量范围”，包括“收起状态的水平长度不超过300mm的尾板、上下坡道及类似装置”。这一条款解决了一直困扰尾板安装行业的车辆长度变化问题，为推动尾板在国内规范安装使用创造了必要条件。

在尾板产品标准、尾板加装标准、车辆长度限制取消的基础上，为全面、科学、系统性地规范、指导尾板的推广使用，促进物流车辆装备的技术发展，达到安全、高效、便捷、绿色、经济的发展目标，各相关部委联合行动，2017年开始，委托交通运输部牵头制定《车用起重尾板安装与使用技术要求》标准。2019年5月，具有里程碑意义的国家标准《车用起重尾板安装与使用技术要求》(GB/T 37706—2019)发布并于该年12月1日实施，这是我国第一次从国家层面对尾板安装进行详细的要求。该标准将尾板的安装划分为车辆注册登记之前和注册登记之后两种方式，理顺了车辆生产企业、尾板生产企业和车辆/尾板管理部门在尾板设计、生产、安装、检验等方面的关系。

2020年1月9日，《交通运输部办公厅　工业和信息化部办公厅　公安部办公厅　市场监管总局办公厅关于做好〈车用起重尾板安装与使用技术要求〉贯彻实施工作的通知》(交办运函〔2020〕38号)正式印发，加速推进尾板的安装与监管、车辆公告变更、货车检验与登记管理等工作，进一步扫除了尾板发展的一系列障碍，尾板规范、健康、有序发展的“春天”终于来临。

第四章　车用起重尾板的典型结构和特点

尾板经过多年的技术发展和市场检验，结构已相对固定，逐步形成相对统一的分类方法。根据产品的运动机理和结构，主要分为以下四种型式。

1. 悬臂式尾板

如图1-5所示，悬臂式尾板的运动举升机构为悬臂式结构，伸出并转动，连接、带动承载平台上下运动。此类尾板可作为厢式货车后门随整车出厂，也可以在货车出厂后，视需安装和移除。该类型尾板安装简便，承载能力强，因此，广泛应用于物流配送车辆上。

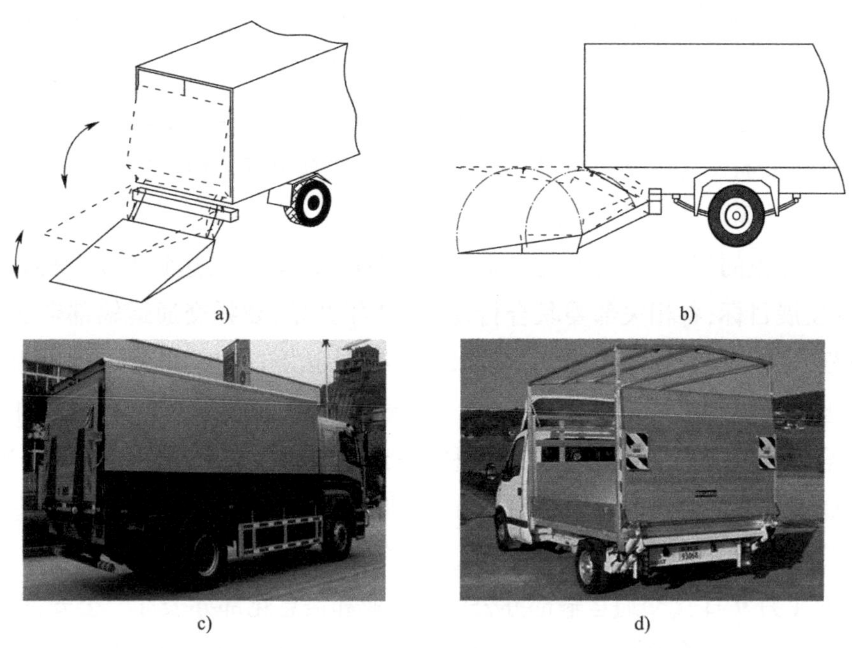

图1-5　悬臂式尾板

2. 摆动折叠式尾板

如图1-6所示，摆动折叠式尾板承载机架类似于悬臂式尾板，使用折叠结构的承载平台，以便将其收起在车辆后下部的空间，适合后悬比较短的大、中型货车，冷藏车使用更多。尾板安装后，收起状态下通常不超出货厢长度，因此，安装该类型尾板的车辆可方便地实现与冷库无缝对接。

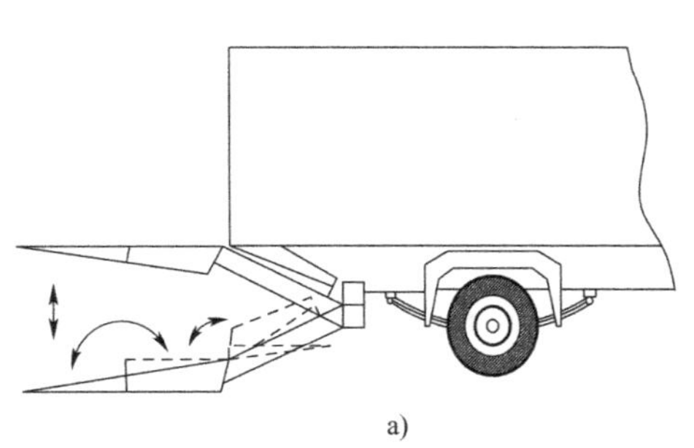

a)

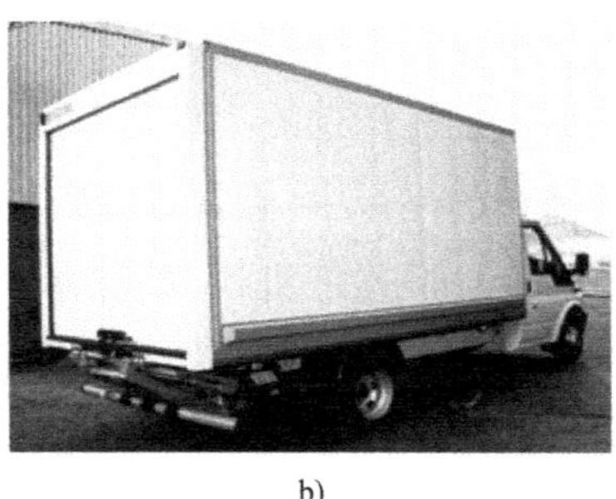

b)

图 1-6　摆动折叠式尾板

3. 滑动折叠式尾板

如图 1-7 所示，滑动折叠式尾板使用与悬臂式尾板相似的承载平台，有一对水平安装的承载导轨，承载平台可整体沿着导轨滑动，伸出到工作位置，或缩回收纳于车厢底板下方空间，承载平台采用单折叠或双折叠结构。滑动折叠式尾板安装后，收起状态下不超出货厢长度，也主要安装在中大型冷链运输车辆上，便于车厢与冷库无缝对接。

a)　　b)

图 1-7　滑动折叠式尾板

4. 垂直升降式尾板

如图 1-8 所示，垂直升降式尾板有一组垂直安装的、可作为货厢后立柱的导轨。运

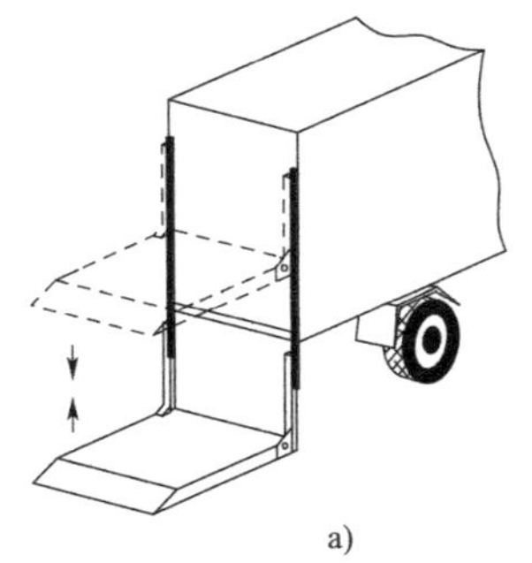

a)

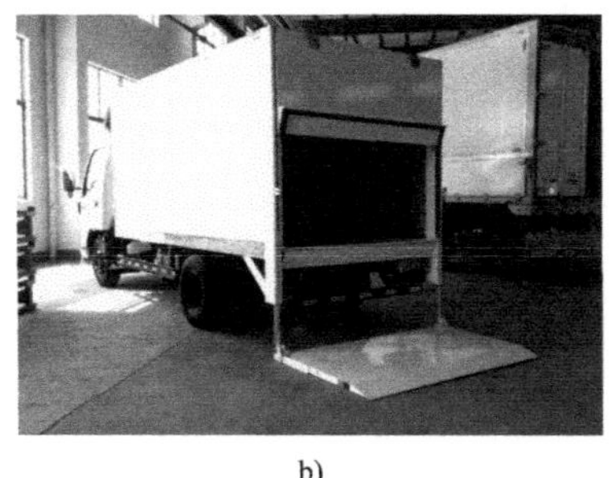

b)

图 1-8　垂直升降式尾板

动举升机构则内置于导轨和车厢后下部，承载平台沿垂直轨道上下运动。该类型尾板的承载平台可以是整体型式（替代车厢后门），也可以是折叠型式（布置在车厢后门外），通常用于城市物流配送的小型货车或者需要举升高度比较高的多层、特殊用途车辆。

四种类型的尾板中，悬臂式、摆动折叠式和滑动折叠式三种尾板的主运动机构均为典型的平行四边形连杆机构，确保承载平台在上下运动中能保持良好的水平状态。垂直升降式尾板具有一组平行的垂直安装的轨道，承载平台在轨道内上下运动，确保运动平稳。

第五章　车用起重尾板的未来发展趋势

目前我国车辆尾板的安装比例虽增长速度较快，但与国外发达国家和地区相比，仍有很大差距，这也是造成当前公路货运效率低、成本高的原因之一。据统计，我国公路货运的物流成本比发达国家高出30%，效率低50%，装卸同批货物，不采用标准化货载单元和机械设备辅助的传统人工装卸，往往需要数小时，而在发达国家，装卸时间可精确到分钟。安装尾板的车辆可以不需要其他装卸人员，将货物直接移位，快速实现货物的整装整卸，再配合液压搬运叉车，真正实现了一人快速装卸整车货物，大大节约了人力成本。

按照我国当前物流行业车辆规模，若尾板安装率达到50%，接近欧美发达国家的水平，我国将有200万台尾板投入使用，按照安装尾板后的每车仅需一人来估算，将使物流企业减少200万装卸人员，每年可节约人工支出近1000亿元。

目前，我国已出台了尾板产品标准、安装标准，配套的管理制度也即将完善落实，且由于尾板的安装对场地要求较低，操作使用基本不受车辆装载质量、尺寸以及工作环境和场地的限制，契合货运车型标准化以及物流配送一体化的趋势，未来尾板在物流业振兴发展中将大有作为，主要体现在以下方面。

1. 轻量化是尾板产品持续发展的基础

随着整个社会在节能环保、降低排放、提高效益等方面重视的提高和投入的不断加大，尾板产品与车辆在设计和匹配过程中，轻量化理念逐渐被采纳，相关的新技术、新材料、新结构得到推广应用，主要表现在材料、结构、液压及控制系统方面。

(1)材料方面。目前国外经济发达国家的尾板产品，承载平台主要采用高强度钢、铝合金，甚至高强度铝合金材料，也开始尝试新的复合材料。而在国内，除了凯卓立公司以外，其他绝大部分尾板生产企业的尾板承载平台使用的材料还是以普通碳钢为主，尾板自重较高。近一两年，铝合金承载平台的尾板逐渐被市场接受，大大降低了尾板自重，提高了车辆的装载率，未来预计轻量化尾板的需求将持续增长。

(2)结构方面。目前插装元件、液压回路集成等精密制造技术已较为成熟，零部件、元器件的制造精度也越来越高。制造精度的提高意味着更低的泄漏，以及元器件间和系统内更小的压力损失，从而降低能耗。精密制造技术还使得集成化回路的广泛应用成为可能。集成化回路可以使元器件之间的距离缩短，减小流道的长度，从而降低管路的损失。

(3)液压及控制技术方面。新型的泵站、马达将被采用,尾板液压系统的压力逐步由中压(12～18MPa)向中高压(部分超过25MPa)过渡,大幅提高了液压转换效率。高效低功率的小型化电磁插装阀、微型电磁组件等电磁控制元件也将逐步采用,以降低系统功耗。

2. 模块化是尾板产品保持强大生命力的必由之路

经过数十年的发展,尾板已从四种主要结构类型派生出多达百种的产品类型。由于车辆结构多样,用户对尾板的定制化需求逐步增加,缩短新产品开发时间、降低制造成本、加快交付速度、提升服务时效已经成为业内思考、探索和实践的方向。随着仿真设计、模块化设计理念在制造行业的流行,尾板的模块化设计与制造已变成了现实。此外,随着新能源汽车的发展,模块化设计和终生免维护已经成为车辆制造行业的终极目标,因此,有必要结合信息化技术为用户提供尾板产品全生命周期的质量保障。

产品模块化包括但不限于模块化功能分析、设计,模块化制造、装配,模块化包装等方面。模块化功能分析、设计覆盖了现有产品的类型、结构、功能,并可在一定程度上对产品拓展新功能,以有限的模块化单元来进行组合,构成不同的结构,达到预定的性能。模块化制造、装配是利用高效、高精度、智能生产设备对尾板的组成部件进行生产制造,不同型号产品实现部件互换,最大限度地实现产品零部件的兼容,以满足工厂灵活/柔性装配的要求。模块化包装则是为了满足标准化运输要求,装箱尺寸满足物流模数的要求,装箱质量满足常规整卸设备作业要求,从而实现尾板部件常规陆运、快递运输、城市物流配送、海上运输以及空中运输的无缝衔接,并可实现与各种搬运设备以及人工搬运兼容。

目前,在全球范围内,基于尾板模块化设计制造的成熟化产品尚未批量进入市场,大部分企业申请了部分相关专利,以个别产品模块进行展示推广。作为国内尾板行业第一梯队的深圳市凯卓立液压设备股份有限公司已完成相关产品原型机设计和测试,正在推进模块化的产品制造技术和工艺。随着我国新能源货车技术的快速发展,有理由相信,模块化的智能尾板将会在相关新能源车型上率先得到推广应用。

3. 信息化技术应用是尾板产品技术创新的发展趋势

尾板作为一种随车装卸设备,位置随着装卸货地点的不同在不断变化。随着企业内尾板保有量的增加,及时掌握尾板状态已变得十分重要,尾板各系统的状态直接关系到产品功能的实现、安全性能的满足和可靠性等方面,智能尾板是一种技术发展趋势。通常智能尾板主要包括以下方面:

(1)以多种控制装置(固定、遥控、线控等)、状态监控、操作数据收集、远程传送等构建而成的基础模块。

(2)对基础模块所产生数据进行收集、发送、处理的系统扩展模块,并采用自带的专家系统、监控检测系统,提供数据检测、故障预测、远程诊断、在线诊断等功能。

(3)采用定位系统,远程功能限制,货物的称重、装卸费用计算,能耗计算等,构建尾板的物联网应用。

目前,业界中尾板信息化的成熟产品同样也还没有批量进入市场,相关产品处于研发与测试阶段,由于制造成本较高,目前产品仅为个别品牌生产商用于技术展示。相信随着国内物流行业特别是电商行业物流信息化应用的高速发展,赋予信息管理功能的智能尾板必将在未来的市场中展现出独特的魅力。

4.智能尾板与随车搬运机器人协同将是智能化发展的新趋势

虽然尾板已有80多年的发展历史,但其功能仍仅限于随车举升装卸、节约或者辅助人力。随着人工智能的技术应用,特别是我国电商物流发展带来的爆发式需求增长,在一些特定场景的无人仓库中无人车的应用已成现实,随车搬运机器人也有着大量的配套需求。未来可在尾板上附加智能的举升、下降,智能的识别、通信、信息交互,以实现装卸货物全过程的无人化作业,这也是尾板发展的必然迭代需求。

尾板智能化尚属前瞻性研究,实际物流中缺少相关场景应用。2019年,深圳市凯卓立液压设备股份有限公司经深圳市政府部门批准,成立了深圳市卓励车载智能物流技术研究院,聚焦车载智能搬运,进一步以智能尾板为车载货物信息节点,着力打造移动无人仓库的概念和应用场景。

第二部分 《车用起重尾板》(QC/T 699—2019)释义

第一章 标准制定总体情况

第一节 标准的制定目的

车用起重尾板是一种安装在车辆上,用于装、卸货物的举升装置,可有效提高城市物流配送效率、节省人力成本、降低物流费用、减轻劳动强度,是现代化物流运输的必选设备,在欧洲、美国、日本等经济发达国家和地区已经被广泛应用。国内尾板正式生产和销售始于20世纪90年代,车用起重尾板行业初期发展缓慢,只有一两家企业从事车用起重尾板的生产、销售与安装。进入21世纪后,随着社会和经济的快速发展,我国尾板生产企业数量和年产销量开始快速增加,据统计,目前国内车用起重尾板生产企业总数已超过30家,大部分位于珠江三角洲的深圳、东莞、中山等经济发达地区。

车用起重尾板主要由动力源、驱动系统、运动机构和承载平台四部分构成,通过动力源推动驱动系统带动运动机构操纵尾板平台进行翻转、举升、下降和倾斜等运动,配合人力实现装卸货作业。尾板在进行翻转、举升、下降和倾斜等作业时,如果操作不当,可能会给作业人员造成挤压和剪切伤害。同时为了满足作业需要,尾板一般安装于汽车尾部,可能会对车辆的后下部防护装置、照明装置、反光标识及尾部标志板带来改变。

为了保证尾板作业安全,欧盟制定了《尾板　安装在轮式车辆上的平台式升降装置　安全要求　第1部分:载货尾板》(EN 1756—1),对载货尾板的运行系统、控制系统、驱动系统、尾板平台防护、防挤压和防剪切保护措施及安装与使用要求作出了详细的规定。国内相关管理部门和行业组织于2000年根据设计、生产和使用经验启动了尾板标准的制定工作,并于2004年发布并实施了汽车行业标准《车用起重尾板》(QC/T 699—2004)。该标准仅对尾板的运行系统和驱动系统提出了要求,缺少控制系统、尾板平台防护、防挤压和防剪切保护措施以及安装要求的规定。由于标准相关技术要求的缺失,导致国内车用起重尾板产品质量参差不齐,安全保护措施不完善,对车辆行驶及尾板使用安全带来了极大的潜在风险与危害。

为适应行业发展需要,规范车用起重尾板的研发、设计、制造和检验,解决车用起重尾板在实际使用环节遇到的安全性问题,切实提高车用起重尾板的作业安全性。2014年国内相关主管部门、行业组织和尾板生产企业,参照《尾板 安装在轮式车辆上的平台式升降装置 安全要求 第1部分:载货尾板》(EN 1756—1:2001 + A1:2008)的相关要求,对《车用起重尾板》(QC/T 699—2004)标准进行了修订。

第二节 标准的编制原则

《车用起重尾板》(QC/T 699—2019)的制定,是根据《中华人民共和国标准化法》及相关法律、规章,按照《标准化工作导则 第1部分:标准的结构和编写》(GB/T 1.1—2009)要求进行的。标准编制单位在编制过程中立足行业现状,吸收了先进技术,并遵循切实可行的原则,对标准进行了编制。

1. 立足行业现状

深入广大尾板生产企业、车辆生产企业及物流企业一线,对各类尾板典型结构、作业动作、操作模式进行研究和检验,在此基础上梳理、分析了尾板在实际设计、生产、检验和使用环节所遇到的问题,增加了尾板运行系统、控制系统、驱动系统、尾板平台防护、防挤压和防剪切保护措施及安装与使用方面的相关要求。

2. 吸收先进技术

在标准修订中所提出的技术要求、参数指标、测试方法,既立足于汽车及零部件行业技术发展实际,又充分研究未来发展趋势,同时积极采用国外相关技术标准,最大限度对标国外先进技术,显著提升尾板产品的技术水平。

3. 遵循切实可行原则

本标准是车用起重尾板产品标准,标准中的相关技术要求和试验方法,既要保证尾板的作业安全性和可靠性,又要与当前我国尾板设计生产能力、用户购买能力、测试评价技术能力等方面相适应,充分参考国外的先进标准,确保相关要求在标准实施后的设计、生产和检验过程中能得到有效实施。

第三节 标准的主要技术内容

《车用起重尾板》(QC/T 699—2019)结构上包括前言、标准正文9个章节和3个附录。其中第5章为标准的核心,对尾板提出了具体技术要求,包括尾板外观、质量等通用要求9个条款、运行要求8个条款、安全保护措施及要求18个条款、液压系统要求8个条款、控制系统要求7个条款、可靠性要求1个条款,共计51个技术条款。

第1章“范围”规定了车用起重尾板的术语和定义、型式及优选系列、技术要求、试验方法、检验规则、使用信息、包装、运输、储存。适用于安装在道路运输车辆上,用于装卸货物的车用起重尾板(以下简称尾板),安装在其他轮式车辆上的尾板可参照本标准执行。

第2章“规范性引用文件”列举出标准中引用的16项技术标准,包括强制性国家标准3项、推荐性国家标准7项、推荐性汽车行业标准3项、推荐性机械行业标准3项。

第3章“术语和定义”有13个术语和定义。其中“负载下降速度”为原标准的术语,“尾板”“闭合位置”“工作位置”“倾斜”“平台宽度”“平台深度”“额定载荷”“最大载荷”“平台垂直移动距离”“最大举升高度”“空载上升速度”“额定工作压力”为新增术语。

第4章“型式及优选系列”由典型结构型式和尾板优选系列两部分构成。典型结构型式主要从尾板型式和升降机构型式两方面对尾板典型型式进行了描述,尾板优选序列主要从额定载荷、平台宽度和平台深度三个方面对尾板的优选序列进行了推荐。

第5章“技术要求”主要包括尾板外观、质量等通用要求,运行要求,安全保护措施及要求,液压系统要求,控制系统要求和可靠性要求。

第6章“试验方法”主要结合第5章所提出的技术要求,提出针对性的试验方法。

第7章“检验规则”是对照标准第5章的技术要求的内容进行检验,分为出厂检验和型式检验两部分。

第8章“使用信息”主要从尾板在出库、安装和使用环节考虑,对尾板的标志、说明书等方面提出了要求。

第9章“包装、运输、储存”主要规定了尾板在成品出库、物流运输和仓储三个环节应注意的事项。

附录A“尾板的典型结构型式”为资料性附录,详细介绍了三种型式的尾板升降机构和七种型式的尾板承载平台,并通过图形进行示例。

附录B“挤压和剪切的防范”为规范性附录,主要从控制器操作、足尖保护、安全切断装置等方面,提出了防范挤压和剪切的安全措施,并通过图形进行举例。

附录C“安装人员应实施的检验”为规范性附录,规定尾板安装人员应注意尾板与车辆的匹配性,且对尾板安装之后应进行的检验项目进行了明确。

第二章 标准释义

第一节 关于“1 范围”的释义

“范围”是标准的规范性一般要素,同时也是一个必备要素。每一项标准都应有范围,并且应位于每一项标准正文的起始位置。范围是对标准涉及的术语和定义、技术要求等主要技术内容的概括,并明确标准规范的主要范围和适用对象等内容。

1 **范围**

1.1 本标准规定了车用起重尾板的术语和定义、型式及优选系列、技术要求、试验方法、检验规则、使用信息、包装、运输、储存。

1.2 本标准适用于安装在道路运输车辆上,用于装卸货物的车用起重尾板(以下简称“尾板”),安装在其他轮式车辆上的尾板可参照执行。

条文释义

《车用起重尾板》(QC/T 699—2019)是在《车用起重尾板》(QC/T 699—2004)的基础上进行修订的。在标准修订过程中,本标准起草组充分调研了国内主要厢式运输车制造企业、车用起重尾板制造企业和物流企业,分析了国内外车用起重尾板的结构和技术差异、特点,借鉴了国外先进技术和标准,结合了我国对运输车辆的管理要求,在保持与汽车行业相关强制性标准技术内容一致性的前提下,经过与行业专家的多次深入研讨,并对典型的车用起重尾板进行了试验验证后,确定了本标准的主要技术内容。按照产品标准的编写要求,确定标准应规定车用起重尾板的术语和定义、型式及优选系列、技术要求、试验方法、检验规则、使用信息、包装、运输、储存等内容。

尾板的安装使用率同地区经济的活跃程度呈高度正相关关系,因为经济发达国家或地区,货物单元化包装、搬运及运输程度高,人力成本高昂,尾板的应用非常普遍。国内尾板的使用相对较晚,正式生产和销售开始于 1990 年,截至目前,有一定规模的尾板生产企业有 30 余家,年产量超过 5 万套。据统计,国内车用起重尾板绝大部分安装在道路运输车辆特别是城市物流配送车辆上,主要用于在仓库库区以外的其他应用场景,随车装、卸货物。因此，本标准的适用范围是安装在道路运输车辆上，用于装卸货物的车用起重尾板，安装在其他轮式车辆上的尾板可参照指导执行。

本标准主要用于指导车用起重尾板制造企业的产品设计和生产，为车用起重尾板检测机构提供试验依据，提高车用起重尾板的产品质量和保障运输安全，并为主管部门实施车辆管理提供技术依据，同时也是汽车生产企业和物流运输企业选用车用起重尾板的技术参考。

第二节　关于“2　规范性引用文件”的释义

“规范性引用文件”是标准的规范性一般要素，同时又是一个可选要素。所谓“引用文件”，实际上包括两类：一类是标准，另一类是标准之外的文件，所以统称为“引用文件”而非“引用标准”，这是《标准化工作导则　第1部分：标准的结构和编写》(GB/T 1.1—2009)中的规定。因此，这部分主要是对在本标准中引用的相关国家和行业标准及有关文件进行归纳，并按照国家标准在前、行业标准在后，各类标准按照标准号从小到大排列，不同类行业标准按照字母先后顺序排列。

2　规范性引用文件

下列文件对于本文件的应用是必不可少的。凡是注日期的引用文件，仅注日期的版本适用于本文件。凡是不注日期的引用文件，其最新版本(包括所有的修改单)适用于本文件。

GB/T 3766　液压传动　系统及其元件的通用规则和安全要求

GB 4785　汽车及挂车外部照明和光信号装置的安装规定

GB/T 6739　色漆和清漆　铅笔法测量漆膜硬度

GB/T 7935—2005　液压元件　通用技术条件

GB/T 9286　色漆和清漆　漆膜的划格试验

GB/T 9969　工业产品使用说明书　总则

GB 11567　汽车和挂车侧面及后下部防护要求

GB/T 19671—2005　机械安全双手操纵装置　功能状况及设计原则

GB/T 19678.1—2018　说明书的编制　构成、内容和表示方法　第一部分：通则和详细要求

GB 25990　汽车尾部标志板

JB/T 5943　工程机械　焊接件通用技术条件

JB/T 6996—2007 重型机械 液压系统通用技术条件

JB/T 8727 液压软管总成

QC/T 518 汽车用螺纹紧固件紧固扭矩

QC/T 29104 专用汽车液压系统液压油固体颗粒污染度的限值

QC/T 29105 专用汽车液压系统液压油固体颗粒污染度测试方法

条文释义

本标准未注日期的引用文件,其最新版本为:

液压传动 系统及其元件的通用规则和安全要求(GB/T 3766—2015);

汽车及挂车外部照明和光信号装置的安装规定(GB 4785—2019);

色漆和清漆 铅笔法测定漆膜硬度(GB/T 6739—2006);

色漆和清漆 漆膜的划格试验(GB/T 9286—1998);

工业产品使用说明书 总则(GB/T 9969—2008);

汽车及挂车侧面和后下部防护要求(GB 11567—2017);

车辆尾部标志板(GB 25990—2010,2015 年发布第 1 号修改单);

工程机械 焊接件通用技术条件(JB/T 5943—2018);

液压软管总成(JB/T 8727—2017);

汽车用螺纹紧固件紧固扭矩(QC/T 518—2013);

专用汽车液压系统液压油固体颗粒污染度的限值(QC/T 29104—2013);

专用汽车液压系统液压油固体污染度测试方法 术语及其定义(QC/T 29105.1—1992);

专用汽车液压系统液压油固体污染度测试方法 装置及装置的清洗(QC/T 29105.2—1992);

专用汽车液压系统液压油固体颗粒污染度测试方法 取样(QC/T 29105.3—2013);

专用汽车液压系统液压油固体污染度测试方法 显微镜颗粒计数法(QC/T 29105.4—1992)。

第三节 关于“3 术语和定义”的释义

“术语和定义”在非术语标准中是一个可选要素,如果标准中以“术语和定义”为标题单独设一章,则其为该标准的规范性技术要素。为便于标准使用者理解和掌握标准内容,方便标准实施,对本标准涉及的尾板、闭合位置、工作位置、倾斜、平台宽度、平台深度、额定载荷、最大载荷、平台垂直移动距离、最大举升高度、空载上升速度、负载下降速度、额定工作压力等相关名词、术语进行了定义,共13条内容。

3　**术语和定义**

下列术语和定义适用于本文件。

3.1　尾板 tail lift

安装在车辆上,用于装、卸货物的举升装置。该装置的必要组成部分包括承载平台(以下简称"平台")、驱动系统、支撑结构和控制器。

条文释义

本术语从功能和结构构成两方面定义了本标准涉及的车用起重尾板的内涵。首先明确了车用起重尾板的功能——安装在车辆上,用于装、卸货物的举升装置。其次给出了车用起重尾板的基本结构构成——必要组成部分包括承载平台、驱动系统、支撑结构和控制器。

3.2　闭合位置 close position

车辆在正常行驶状态时,尾板处于安全闭合的位置,见图2-1a)[注:标准原图号为图1a)]。

条文释义

本标准第5章中安全、保护措施及要求部分有两处使用了闭合位置的描述,为了使相关条款的理解更为准确,特定义闭合位置为车辆在正常行驶状态下,尾板安全闭合时的位置。

3.3　工作位置 working position

装卸货物时,尾板所处的任一位置,见图2-1b)~图2-1f)[注:标准原图号为图1b)~图1f)]所示位置及任一中间位置。

条文释义

此处定义尾板的工作位置主要为将其与闭合位置区分开,尾板工作位置指在装、卸货作业过程中尾板所处的任意位置,但不包括闭合位置。

标准条文

3.4 倾斜 tilting

尾板处于工作位置时,调整平台垂直方向角度的运动过程,见图 2-1d)、图 2-1e)[注:标准原图号为图 1d)、图 1e)]。

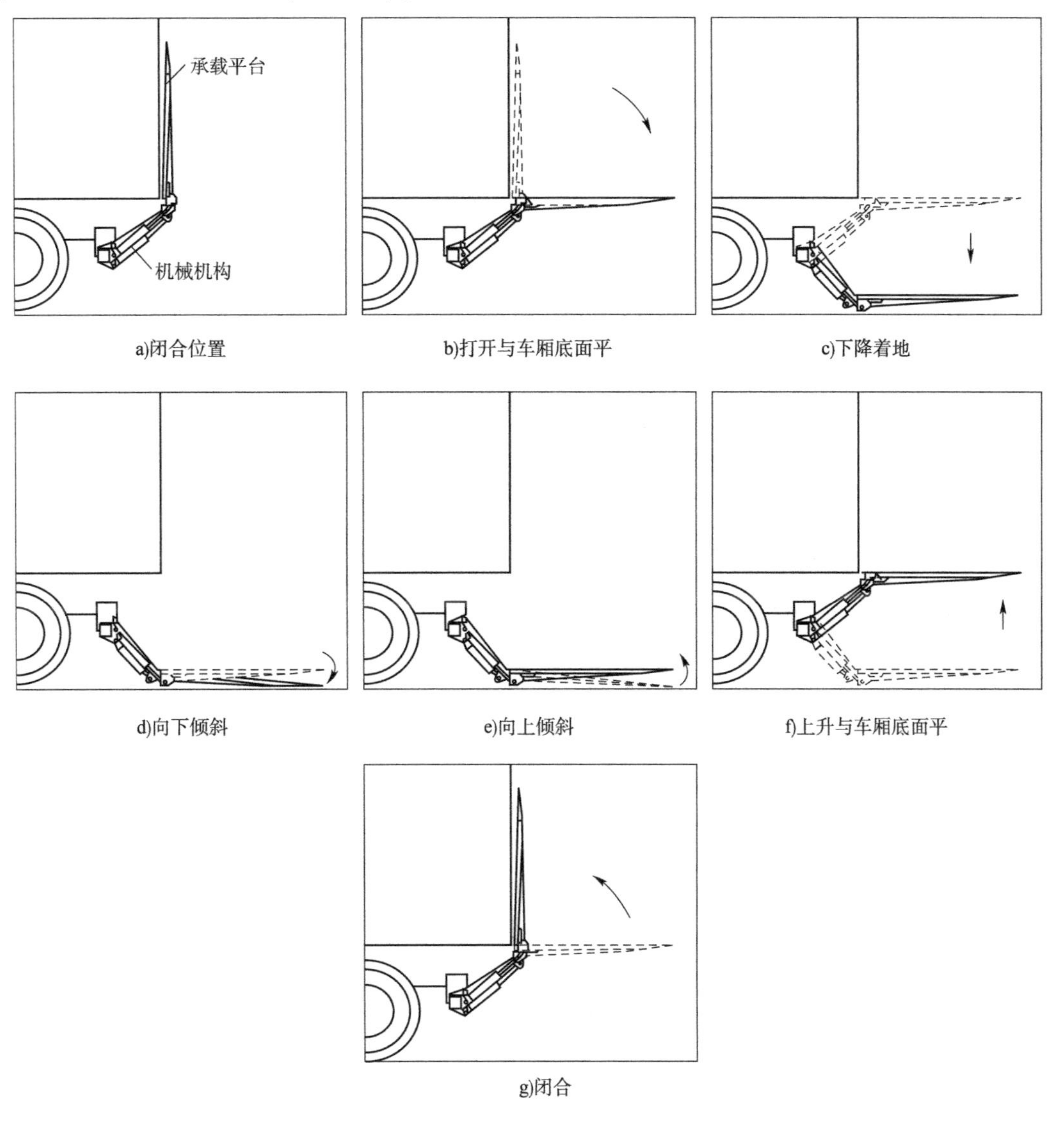

图 2-1 运动过程

条文释义

尾板的倾斜特指尾板在下降着地[图 2-1c)]之后,上升至与车厢底面平[图 2-1f)]之前尾板承载平台的动作,分为向下倾斜和向上倾斜。向下倾斜是指尾板承载平台上平面沿顺时针(图示)方向的运动,向上倾斜是指尾板承载平台上平面沿逆时针(图示)

方向的运动。垂直升降式或套筒式尾板一般没有倾斜动作。

标准条文

3.5 平台宽度 platform width

平台与车辆接近边沿平行方向的尺寸(W),见图 2-2(注:标准原图号为图 2)。

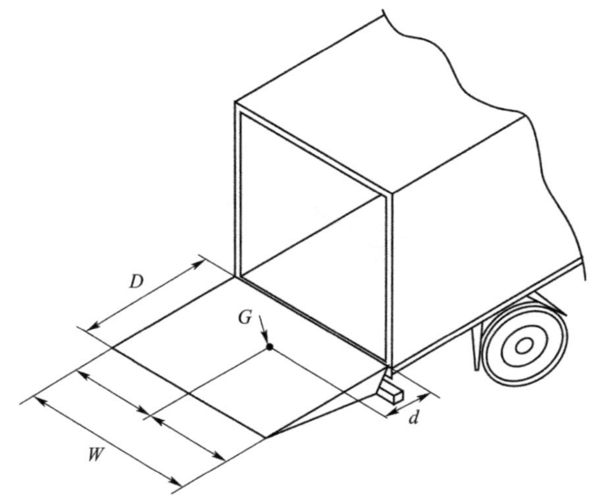

图 2-2 平台宽度、平台深度和额定载荷的质心

W-平台宽度;D-平台深度;G-载荷质心,平台深度方向的质心线与宽度方向中线的交叉点;d-平台深度方向的质心线与平台近车厢侧边缘的距离,其值为平台深度的 1/2 或 600mm(取小值)。制造商另有规定的,以制造商规定值为准

条文释义

平台宽度指当车用起重尾板承载平台的上表面与水平面平行时,分别在尾板承载平台的上表面两侧固定突出部位最外侧,且平行于尾板纵向对称平面的两平面间的距离。

标准条文

3.6 平台深度 platform depth

平台与车辆接近边沿垂直方向的尺寸(D),见图 2-2(注:标准原图号为图 2)。

条文释义

平台深度指当车用起重尾板承载平台的上表面与水平面平行时,分别过尾板承载平台的上表面前后最外端点,且垂直于水平面和尾板纵向对称平面的两平面间的距离。

标准条文

3.7 额定载荷 nominal load

载荷质心位于图 2-2(注:标准原图号为图 2)中 G 所示位置时,尾板所允许的最大起

重质量。额定载荷为固定值。

条文释义

为提示操作人员正确使用尾板,尾板生产企业一般会在尾板承载平台上表面标示平台额定载荷的质心线(图 2-3 中靠近车辆一侧的实线)。额定载荷的质心线距离平台近车厢侧边缘的距离为 d 固定值,其值一般为平台深度的 1/2 或 600mm(取小值)。制造商另有规定的,以制造商规定值为准。

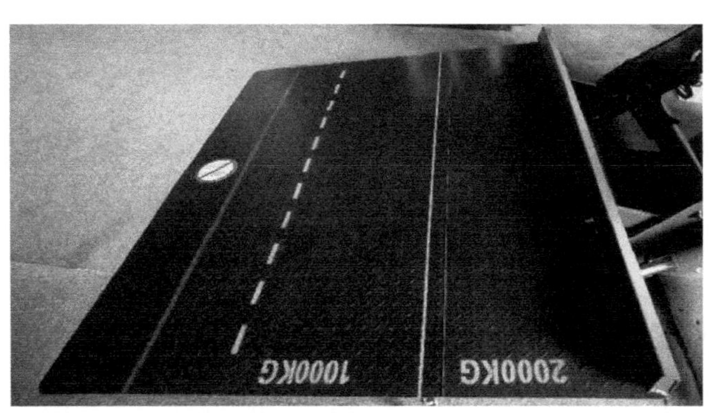

图 2-3 平台深度方向的质心线

图 2-2 中 G 所示位置是质心线与宽度方向中线的交叉点,当用户对尾板加载的货物质心位于此处时,尾板所允许的最大起重质量即为尾板的额定载荷。尾板的额定载荷为固定值,其值由尾板生产企业规定。

标准条文

3.8 最大载荷 maximum load

载荷质心位于平台上不同位置时所允许的载荷上限。由制造商规定。

条文释义

尾板实际使用过程中,装载的货物形状和尺寸各不相同,货物放置在平台上之后,其质心实际所在位置一般是不固定的,特别是当货物在平台深度方向的尺寸超过 1200mm 时,其质心位置就会超过 600mm 尺寸。为了保证安全,应该按照质心实际所处位置尺寸所允许的载荷限值装载货物。货物的实际质心所处位置不同时,尾板所允许的最大装载质量也不相同,图 2-4 给出了平台深度 2100mm,额定载荷为 2000kg(质心位置 600mm)的尾板承载曲线图。本术语中的最大载荷是指由尾板生产企业根据装载货物的质心所处位置,规定的尾板所允许的起重质量上限。

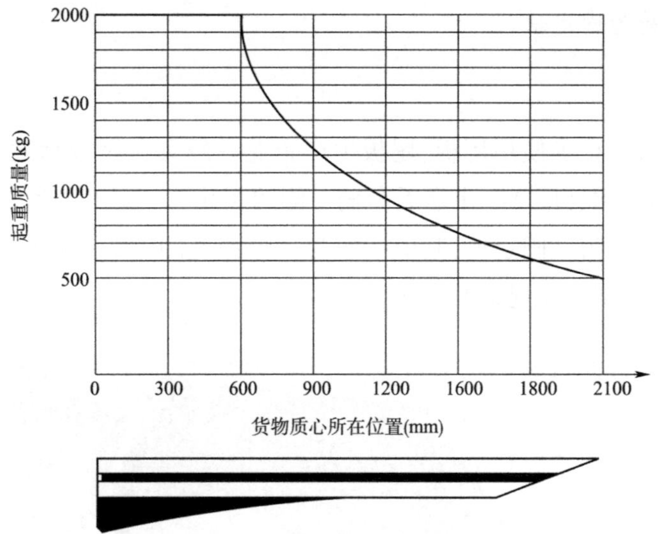

图 2-4　尾板承载曲线图示例

标准条文

3.9　平台垂直移动距离 platform vertical travel distance

平台保持水平状态,从最低到最高位置所能移动的最大距离,见图 2-5(注:标准原图号为图 3)。

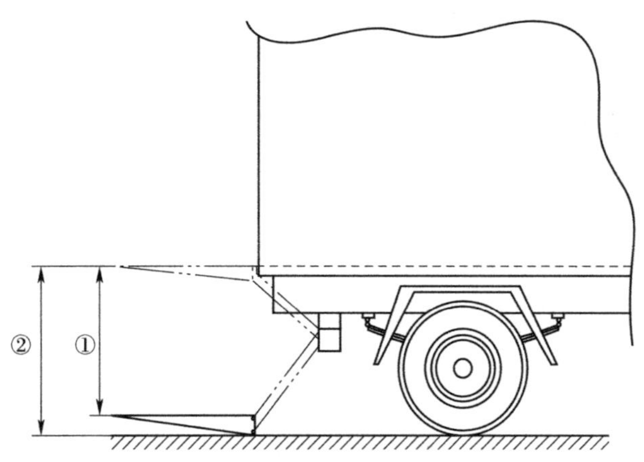

图 2-5　平台垂直移动距离

①-平台垂直移动距离;②-最大举升高度

条文释义

对平台垂直移动距离进行定义是为了方便标准使用者更好地理解和执行本标准 5.3.14条。平台垂直移动距离是指尾板承载平台上表面保持水平状态,承载平台从最低点向上举升,直至到达到最高点,承载平台上表面移动的最大垂直距离。

标准条文

3.10 最大举升高度 max distance

平台保持水平状态,升到最高位置,平台距离地面的距离,见图 2-5(注:标准原图号为图 3)。

条文释义

对最大举升高度进行定义是为了方便标准使用者更好地理解和执行本标准 5.3.8 条和5.3.9条。最大举升高度是指尾板承载平台上表面保持水平状态,举升到最高点,承载平台上表面距离地面的距离,表征该类尾板的一项举升能力。

标准条文

3.11 空载上升速度 no-load up speed

平台处于水平状态、空载,上升运动[参见图 2-1f)][注:标准原图号为图 1f)]的垂直移动速度。

条文释义

空载上升速度指在尾板空载,承载平台上表面处于水平状态时,向上举升直至最大举升高度,整个举升过程中承载平台的垂直移动速度。

标准条文

3.12 负载下降速度 load down speed

平台处于水平状态,按规定放置载荷,下降运动[参见图 2-1c)][注:标准原图号为图 1c)]的垂直移动速度。

条文释义

负载下降速度指对尾板施加额定载荷,且承载平台处于水平状态时,由设计规定的最高点下降,直至承载平台下表面最低点着地,整个过程中承载平台的垂直移动速度。

标准条文

3.13 额定工作压力 working pressure

施加额定载荷,各部件处于稳定的举升和(或)倾斜操作状态时,液压系统的压力。

条文释义

本标准中的额定工作压力特指尾板液压系统的额定工作压力,一般为定值。决定尾板额定工作压力有三个先决条件:一是施加额定载荷;二是举升和/或倾斜操作;三是稳定工作。选取额定载荷状态是由于尾板在正常使用的情况下,处于额定载荷状态时,尾板液压系统的工作压力大于或等于其他负载状态。选取举升和/或倾斜操作是由于在同样的负载条件下,进行这两个或其中之一动作时,尾板液压系统的工作压力大于或等于其他动作。规定稳定工作,是为了排除动作刚开始时的瞬时压力和动作结束时的压力冲击。本条款要求尾板生产企业的技术文件中应提供额定载荷时尾板液压系统额定工作压力的具体值及相关计算和/或验证依据。

第四节　关于“4　型式及优选系列”的释义

“4　型式及优选系列”是本标准的重要内容之一,主要由两部分构成。第一部分为尾板的典型结构型式,主要从尾板型式和升降机构型式两方面对尾板典型型式进行了描述,并通过图形进行示例。第二部分为优选序列,主要从额定载荷、平台宽度和平台深度三个方面对尾板的优选序列进行了推荐。

4　型式及优选系列

4.1　尾板典型结构型式参见附录A。

条文释义

尾板典型结构型式主要借鉴欧洲标准《尾板　安装在轮式车辆上的平台式升降装置　安全要求　第1部分:载货尾板》(EN 1756—1),欧洲标准对尾板产品的分类、结构型式、机械安全等方面有比较全面详细的要求,对具体产品的结构数据、性能数据则较少提及。

本标准附录A主要从尾板升降机构结构和尾板平台型式两个方面对尾板典型结构型式进行了分类和描述。尾板升降机构结构分为平行四边形式、垂直升降式和套筒式三种,尾板平台型式分为普通型、平台折叠型、滑动伸缩型、旋转型、门安装型、内嵌型、内置型七种。需要注意的是,《车用起重尾板》(QC/T 699—2019)的尾板典型结构型式分类与《车用起重尾板安装与使用技术要求》(GB/T 37706—2019)存在差异,《车用起重尾板》(QC/T 699—2019)作为产品标准划分更为细致,《车用起重尾板安装与使用技术要求》(GB/T 37706—2019)重点考虑尾板的安装使用,分类宽泛一些。为便于理解,建议企业和检测机构在进行产品结构描述时同时标注出尾板产品在两个标准中的典型结构名称。

《车用起重尾板》(QC/T 699—2019)中没有统一的型号编制规则,各企业根据自己的企业标准进行型号编制,造成各个企业之间的型号编制方法差异巨大,为检测机构和相关主管部门在具体出具和核验报告时,带来了极大的困扰。因此,本标准起草组结合尾板产品的特点,以尾板产品在使用环节最重要的技术指标(额定载荷)和特点(材质、结构、型式)为基础,借鉴汽车行业普遍采用的型号编制规则,编写了车用起重尾板产品型号编制规则。

型号编制规则主要由企业名称、尾板升降机构结构、尾板承载平台型式、尾板额定载荷、尾板承载平台主要材质和尾板设计序列等部分构成。其中尾板升降机构结构、尾板承载平台型式与本标准附录 A 里面的分类一致。

4.2 优选系列

尾板的额定载荷和承载平台尺寸,应根据车辆高度、宽度以及货物尺寸确定,并应优选如下系列:

a)额定载荷优选系列:300/500/750/1000/1500/2000/2500/3000;

b)平台宽度(W)优选系列:1450/1650/1800/2000/2200/2300/2400/2500;

c)平台深度(D)优选系列:1500/1650/1800/2000/2200/2400/2600。

标准中对车用起重尾板的优选系列进行规定主要是为了减少尾板型号和种类,提高零部件的互换性,减少资源浪费。选定额定载荷、平台宽度、平台深度三个参数进行优选系列推荐,是通过调研了解到这些参数是车辆生产企业和物流企业选用尾板的最重要参考指标。相关参数值是结合国内尾板生产企业产品现状和国内物流运输车辆产品现状后确定的。

第五节 关于“5 技术要求”的释义

“5 技术要求”是本标准的核心内容之一。为方便理解和掌握本标准的技术要求,该部分围绕车用起重尾板的结构构成、制造工艺和主要性能共分为一般要求、运行要求、安全与保护措施及要求、可靠性要求等 4 部分共 51 条款进行编写。

标准条文

5 技术要求

5.1 一般要求

5.1.1 尾板应符合本标准的规定,并按规定程序批准的产品图样及技术文件制造。

条文释义

一般要求是对尾板整体提出的要求,共9条要求,与后面的运行要求等并列提出,便于标准使用者掌握和理解,使标准条理更清晰。

本条款是对尾板在生产制造时所提出的基本要求,尾板生产制造的图样一般包括零件工作图、焊合图、总成图、总图,产品图样应符合相关国家制图标准要求,并能清楚表达零部件和总成的结构、轮廓、尺寸、装配关系及技术要求等。尾板的技术文件一般包括设计任务书、设计说明书、技术经济分析报告、技术协议书、产品标准、工艺文件、试验大纲、试验分析报告、设计评审报告等,这些文件应经行业或企业主管部门批准后,作为产品设计、制造、试验分析以及产品改进措施等方面的依据。

标准条文

5.1.2 外购件、外协件应符合相关标准的规定,并有制造商的合格证,经入厂检验合格后方能使用,所有自制零件经检查合格后才可装配。

条文释义

外购件就是从组织外部采购获得,一般来说是指标准件的采购,有时也包括需要单独进行设计和定做的尚无标准化的零部件。外协件主要指产品外包商生产的产品或服务外包商提供的服务,外协件直接受组织控制,一般在组织的生产范围内按组织的要求作业和服务,并由组织验收。自制零部件是指本单位内部有能力制作加工的零部件。无论是外购件、外协件或者自制件都应进行检验,并符合制造企业的要求。外购件和外协件要列入合格供方进行生产一致性控制,以保证尾板的产品质量。

标准条文

5.1.3 焊缝应均匀、平直,无裂纹、夹渣、气孔、咬边、飞溅和焊漏等缺陷,并符合JB/T 5943的规定。

条文释义

本条款是对尾板焊接质量的基本要求,规定除焊缝外观应达到相关要求以外,对于直接对焊缝强度造成影响的缺陷也作了相应的规定,均应符合《工程机械焊接件通用技术条件》(JB/T 5943—2018)的要求。该标准的最新修订版于2019年5月1日正式实施,主要规定了焊接件的要求、试验方法、检验规则,适用于手工电弧焊、埋弧焊和气体保护焊的焊接件。

尾板结构件以焊接件居多,焊接质量直接影响到尾板的外观质量及强度,影响焊缝强度的缺陷将降低尾板的安全系数,对尾板的承载能力及使用安全性会造成致命的影响。

标准条文

5.1.4 连接件、紧固件应可靠,不得松脱。螺纹紧固件的紧固扭矩应符合 QC/T 518 的规定。

条文释义

产品各独立构件通过连接件、紧固件等进行连接,使各独立构件形成一套完整的产品,保证各构件之间相对的位置关系,连接可靠性直接影响整套产品的性能及可靠性。

螺纹紧固件预紧可以提高螺栓连接的可靠性、防松能力和螺栓的疲劳强度,增强连接的紧密性和刚性。预紧力不足和过大均会导致紧固件受力状态恶化,甚至在使用过程中对紧固件本身造成破坏,因此适宜的预紧力对连接的可靠性和被连接件的寿命都是有益的,特别对有密封要求的连接更为必要。

本条款要求技术文件中应明确各螺纹紧固件的力矩值。《汽车用螺纹紧固件紧固扭矩规范》(QC/T 518—2013)明确规定了不同强度等级以及不同螺纹规格的允许拧紧力矩值,为制造及检验过程的拧紧力矩控制提供了明确的技术要求。

标准条文

5.1.5 所有黑色金属结构件的表面均应作防锈处理。产品外表装饰应美观大方,油漆涂层附着牢固,漆膜光滑平整,无流痕、鼓泡、皱皮以及明显刷痕。

条文释义

本条款主要是对黑色金属构件的防锈处理提出要求,并从美观角度及防锈涂覆层的可靠性等方面进行了规定。

液压尾板的主要构件均为黑色金属,未经防锈处理的黑色金属长时间和空气中的氧气接触会发生氧化反应而生锈,液压尾板的工作环境均在室外,受雨淋、日晒、潮湿空气以及盐雾等环境条件的影响,加快了金属锈蚀的速度,不仅影响美观,还会对铰接部位及其他活动构件的运动造成影响。较严重的锈蚀会对构件的结构造成破坏,导致构件的强度迅速下降,对产品的使用安全性造成影响。

标准条文

5.1.6 液压系统管路及电控系统元件、线路应排列整齐、夹持牢固,不应与运动部件发生摩擦干涉现象。

条文释义

尾板电控与液压系统的元件、管路、线路的排列、固定、防护也是产品设计、制造以及安装过程中必须注意的内容,对保证产品的可靠性非常重要。因此,在条款中要求元件、线路应排列整齐、夹持牢固,不得与带尖锐、锋利边缘的物体接触,且不得与自身的运动部件发生碰擦或干涉,安装后也不得与车辆传动轴、车轮等有关运动部件发生碰擦或干涉。

标准条文

5.1.7 油漆涂层硬度应符合 GB/T 6739 的规定,不低于 2H 铅笔硬度;油漆涂层附着力应符合 GB/T 9286 规定的Ⅰ级要求。

条文释义

油漆硬度是指漆膜对于外来物体侵入其表面时所具有的阻力,漆膜硬度是其机械强度的重要性能之一;油漆涂层附着力表示漆膜对底材黏合的牢度程度,附着力是漆膜一个非常重要的指标,附着力差,漆膜容易起泡、脱落,进而失去防护作用。

尾板主要工作在室外环境,工况较差,不可避免地受到各种自然环境因素的侵害,工作过程中油漆涂层也会频繁受到外力作用,漆膜硬度和附着力指标对尾板的防锈及使用寿命有比较大的影响,因此,要符合相关标准规定及要求。

标准条文

5.1.8 尾板的额定工作电压应与车辆电压一致,一般为直流 12V 或 24V。特殊供电型式或电压应在设计文件中规定。

条文释义

尾板使用汽车自身蓄电池供电时,两者的工作电压应相同,容量匹配,只有这样才会使尾板加装、使用及维护较为简单方便,无须对原车供电系统进行任何改动,也不会给汽车的蓄电池造成显著的损耗。

燃油车辆的电压一般为直流 12V 或 24V,新能源车辆的电压一般较高,电压范围较大,出于安全考虑,一般安装于新能源车辆上的液压尾板电源取自控制系统的蓄电池(12V 或 24V)。另外还有一部分液压尾板的工作环境特殊,其电源取自市电或发电机(AC220V 或 380V),在这种情况下,控制电压一般仍取直流 12V 或 24V,但电机的额定电压须根据实际情况进行选取,并应在设计文件中对这类情况进行规定,以适应特定的应用环境。

标准条文

5.1.9 尾板在环境温度 -25 ~ 45℃范围内应能正常工作。其他温度下的要求应由制造商在有关文件中规定。

条文释义

环境温度对液压系统、电气系统以及结构件均有不同程度的影响。

环境温度直接影响尾板液压系统的温度。液压系统的油温过高会导致液压油的黏度降低,容易引起泄漏,效率下降;润滑油膜强度降低,加速机械的磨损;油液氧化加速,油质恶化;油封、高压胶管过早老化等。液压系统油温过低时,液压油黏度增大,流动性变差,阻力增大,工作效率降低;液压系统密封件与结构件收缩系数的差异同样会导致泄漏量增大甚至密封失效。

电气元器件对环境工作温度也有相应的要求,一般元器件都会标识出适宜的工作环境温度,以避免不适宜的环境温度导致元器件电气性能的改变,从而引起功能变化甚至失效,同时部分线材绝缘层受温度影响而导致性能的变化也比较明显。

所以从制造成本方面考虑,一般情况下尾板设计时考虑的环境温度是绝大多数的工作环境状况,在一些有特殊要求的使用环境(如高寒地区或特殊产品要求的 -40℃以下低温或50℃以上高温使用环境)下使用时,需要特殊设计、验证并在有关文件中进行特殊规定。

5.2 运行要求

5.2.1 空载运行要求

5.2.1.1 尾板在空载状态下,按图2-1(注:标准原图号为图1)所示,依a)→b)→c)→d)→e)→f)→g)的顺序完成全功能运行(包括人力操作),应平稳、协调,无干涉、抖动、卡滞现象,且无异常噪声。

条文释义

本部分是对尾板运行环节提出的要求,主要有空载运行要求、负载运行要求、加载前后位置变化量要求和负载静置变化量要求。

本部分所描述的各种动作,包括下翻、下降、向下倾斜(垂直升降式或套筒式尾板除外)、向上倾斜(垂直升降式或套筒式尾板除外)、上升、上翻等,是尾板在使用过程中必须完成的基本动作,各个动作能否正常完成,以及在动作过程中是否平稳、协调,直接影响到尾板使用过程中的可靠性与安全性,尾板各个运动部件有干涉、抖动与卡滞现象,以及出现异常噪声,均会给尾板的有效运行造成影响或带来安全隐患。

人力操作一般是指依靠人力(包括辅以助力机构)进行操作完成的动作,如折叠尾板的展开/折叠操作、部分小尺寸平台尾板及垂直尾板的打开/闭合操作等。

5.2.1.2　尾板空载上升速度应不大于150mm/s。

条文释义

《车用起重尾板》(QC/T 699—2004)规定尾板负载上升速度不小于60mm/s,未规定速度上限。实际使用中,如果运行速度过快,一旦出现突发状况,操作人员的反应时间不够,极易造成冲击而发生危险。

出于安全方面的考虑,欧洲标准《尾板　安装在轮式车辆上的平台式升降装置　安全要求　第1部分:载货尾板》(EN 1756—1)中规定尾板的运行速度不应超过150mm/s。本标准修订时起草组考虑到在合理设计下,尾板在空载时的上升速度最大,在重载时上升速度会有所下降。因此,在参照欧洲标准的同时,进一步明确尾板空载运行时的上升速度上限要求。

尾板承载平台的上升速度主要由产品设计决定,通过匹配油泵排量、电机转速以及执行元件(主要是油缸)行程等参数来保证。通过对实际使用的调研与现场测试,综合考虑输出功率、工作效率、安全性能和成本等情况,国内外尾板产品的空载上升速度大多设计在90mm/s左右。

5.2.1.3　平台打开/闭合速度应不大于10°/s。

条文释义

《车用起重尾板》(QC/T 699—2004)未对平台的打开/闭合速度作出规定。在本标准修订过程中,起草单位提出,实际使用中如果尾板承载平台运行速度过快,一旦出现突发状况,操作人员的反应时间不够,极易造成危险。

出于安全方面的考虑,欧洲标准《尾板　安装在轮式车辆上的平台式升降装置　安全要求　第1部分:载货尾板》(EN 1756—1)中规定尾板平台打开/闭合速度应不大于10°/s。本标准修订过程中,起草组对国内尾板产品打开/闭合速度都进行了测试,结果表明,尾板承载平台的打开/闭合速度可以通过液压系统设计(参见本标准5.2.1.2条决定尾板空载上升速度的主要因素)或系统中的液压油流量进行调节,目前国内外尾板平台调定的打开和闭合速度大多在7°/s~9°/s。因此,本标准起草组采纳欧洲标准的规定,明确尾板平台打开/闭合速度应不大于10°/s。以人力或辅以助力机构完成打开和/或闭合操作的,不适用此项要求。

标准条文

5.2.2 负载运行要求

5.2.2.1 尾板在额定载荷下,按图2-1(注:标准原图号为图1)中所示以d)→e)→f)→c)→d)的顺序运行,应平稳、协调,无干涉、抖动、卡滞现象,且无异常噪声。

条文释义

尾板在装载的情况下,需要满足下降、向下倾斜(垂直升降式或套筒式尾板除外)、向上倾斜(垂直升降式或套筒式尾板除外)、上升等动作需求,各个动作能否正常完成,以及在动作过程中是否平稳、协调,直接影响到尾板使用过程中的可靠性与安全性,尾板各个运动部件如有干涉、抖动及卡滞现象,及出现异常噪声,均会给尾板的有效运行造成影响或带来安全隐患。

标准条文

5.2.2.2 尾板在额定载荷下的负载下降速度应不大于150mm/s。

条文释义

实际使用中,如果尾板运行速度过快,一旦出现突发状况,操作人员的反应时间不够,容易造成危险,且极易对尾板上的货物造成冲击,存在货物跌落的风险。出于安全方面的考虑,欧洲标准《尾板 安装在轮式车辆上的平台式升降装置 安全要求 第1部分:载货尾板》(EN 1756—1)中规定尾板的运行速度不应超过150mm/s。本标准修订时起草组考虑到在合理设计下,受重力影响,尾板在负载时的下降速度最大,在空载时下降速度一般会有所下降。因此在参照欧洲标准的同时,进一步明确尾板负载运行时的下降速度上限要求。《车用起重尾板》(QC/T 699—2004)规定的尾板负载下降速度不大于120mm/s。修订后的标准要求有所放宽。

在尾板的结构和液压系统设计确定的情况下,为了兼顾负载下降速度和空载下降速度(虽然标准没有规定空载下降速度,但实际使用中也需要处于合适的范围),液压系统中一般都需要设置流量调节阀对速度进行调节,从目前实际使用和测试情况来看,综合考虑工作效率、安全性能和成本,国内外尾板产品的负载下降速度大多调定在80~120mm/s,留有一定余量。但考虑到尾板驱动系统技术发展和物流装卸效率提升需要,本次修订,在负载下降速度方面与欧洲标准的要求保持一致,定为不大于150mm/s。

标准条文

5.2.2.3 尾板在额定载荷下,进行图2-1(注:标准原图号为图1) d)、e)所示两种倾斜运动时的倾斜速度应不大于4°/s。

条文释义

《车用起重尾板》(QC/T 699—2004)未对尾板平台倾斜速度作出规定,但在实际使用中,尾板向下倾斜与向上倾斜运动时多数是在有负载的情况下,向下倾斜速度过快会使平台极速向地面转动,强烈的冲击不但产生噪声,而且极有可能导致平台上的货物发生倾翻、移位甚至掉落,造成安全事故。向上倾斜的速度过快也同样存在使货物发生倾翻、移位甚至掉落的风险。

出于安全方面的考虑,欧洲标准《尾板　安装在轮式车辆上的平台式升降装置　安全要求　第1部分:载货尾板》(EN 1756—1)中规定尾板平台的角速度不应超过4°/s。尾板整个倾斜运动的角度一般为6°~8°,实际使用时在综合考虑工作效率、安全性能和成本的情况下,尾板的倾斜角速度宜设置为2°/s~3°/s,倾斜运动时间2~3s。尾板承载平台的向上倾斜角速度一般由产品设计决定,向下倾斜速度则可以通过液压系统设置的流量调节阀进行调节,从目前实际使用及测试情况来看,国内尾板产品的倾斜角速度都调定在4°/s以下。本标准修订时,起草组依据国内测试情况,决定在负载倾斜速度方面与欧洲标准的要求保持一致,确定为不大于4°/s。

标准条文

5.2.3　加载前后位置变化量

尾板按6.3.8试验后,零部件不得损坏,承载平台位置变化量应不大于5mm。

条文释义

尾板结构中涉及大量的结构连接、液压元器件及管路,相关机械结构的强度以及液压回路的可靠性对尾板的安全运行非常重要,该项目的检测要求主要是评价尾板机械结构强度和刚度、传动机构的间隙、液压系统泄漏等方面因素在加载前后的综合表现。

欧洲标准《尾板　安装在轮式车辆上的平台式升降装置　安全要求　第1部分:载货尾板》(EN 1756—1)规定,当尾板平台处于地面和车辆平台的中间位置时,对平台加载125%的额定载荷并移开,尾板平台相对于车辆地板的垂直距离和角度不应有明显变化,并未明确作出定量要求。《车用起重尾板》(QC/T 699—2004)要求将平台升至约3/4设计举升高度处,加载最大起重质量(此处的额定载荷与原标准的最大起重质量相同),静置10min后移除载荷,零部件不得损坏,承载平台位置变化量应不大于5mm。

本标准起草组参照欧洲标准要求,在平台位于1/2最大垂直位移位置,加载125%额定载荷,对国内多家尾板生产企业的产品进行了试验验证,实测加载前后位置变化量为3～5mm。同时本标准起草组通过受力分析得出，当平台位于1/2最大垂直位移位置时，机械结构和液压系统处于最恶劣的工作条件。考虑到国外车用起重尾板产品发展较早，应用更为普遍，相关标准和管理政策也更为完善，因此，在本标准修订时加载前后位置变化量试验方法部分选择与国外标准保持一致，承载平台位置变化量的具体要求与《车用起重尾板》(QC/T 699—2004)保持一致。总体来看，修订后的标准对尾板平台加载前后位置变化量的要求有所加严。

5.2.4 负载静置变化量

尾板按6.3.9试验后，承载平台下降量应不大于15mm，角度变化量应不大于2°。

条文释义

该检测项目主要是为了检查尾板液压系统的泄漏情况和机械部分的强度储备情况，凡是液压系统都不可避免地存在一定程度的泄漏，尾板在承载过程中液压系统始终处于高压状态，液压缸、液压阀组均有一定程度的允许泄漏量，该测试项目将液压系统的泄漏情况通过机械结构的位置变化来进行量化体现。平台下降量主要体现了举升液压回路(包括举升油缸以及液压阀块举升油路部分)的泄漏情况，而角度变化量主要体现了翻转液压回路(包括翻转油缸以及液压阀块翻转油路部分)的泄漏情况。

《车用起重尾板》(QC/T 699—2004)规定将尾板平台升至约3/4设计举升高度处，加载额定载荷静置24h，下降量应不大于30mm。欧洲标准《尾板 安装在轮式车辆上的平台式升降装置 安全要求 第1部分：载货尾板》(EN 1756—1)则规定将尾板平台升至与车厢地板高度相同处，加载125%额定载荷，保持15min，下降量不超过15mm，且角度变化量不大于2°。考虑到实际使用中，尾板负载时工作时间一般不超过15min，因此，欧洲标准的要求更贴合实际使用情况，因此，本标准起草组采纳了欧洲标准的相关规定，并按照欧洲标准的试验方法对国内尾板进行了测试。参与试验的大部分尾板的下降量在10mm左右，少数企业产品可以做到5mm以内，角度变化基本在1°左右。

标准条文

5.3 安全、保护措施及要求

5.3.1 配备后下部防护装置的尾板，在尾板安装后，后下部防护应符合GB 11567的要求。

条文释义

安全、保护措施及要求主要参照欧洲标准，从车辆运行安全、防挤压和剪切保护、尾板运行安全、作业平台安全、液压系统安全和控制系统安全 6 个方面提出。

车辆后下部防护装置主要有两个功能：防止轿车钻入货车后部和吸收碰撞能量，可以有效地减少轿车追尾货车造成的伤害，国家标准《汽车及挂车侧面和后下部防护要求》（GB 11567—2017）规定了 N_2、N_3、O_3、O_4 类车辆侧面和后下部防护装置的技术要求及车辆技术要求。尾板一般安装于车辆的后下部，车辆安装尾板与否，其后防护的结构设计可能有所不同。因此为保证车辆运行安全，特别提出，配备后下部防护装置的尾板，在安装后，其后下部防护装置无论是尺寸、强度以及安装位置均应符合《汽车及挂车侧面和后下部防护要求》（GB 11567—2017）的规定。

标准条文

5.3.2 尾板处于闭合位置时不得影响原车的照明、光信号装置，不应改变原车符合 GB 4785 规定的照明和光信号装置的技术特性。

条文释义

照明、光信号装置是汽车不可缺少的电气设备之一。它不仅关系到安全行车及工作效率，还与节约能源、执行交通法规密切相关。国家标准《汽车及挂车外部照明和光信号装置的安装规定》（GB 4785—2019）规定了汽车及挂车的外部照明和光信号装置安装的技术要求、试验方法和检验规则。尾板一般安装于车辆后下部，可安装尾板的车辆应对后部照明信号装置进行针对性设计，保证在尾板安装后，车辆后部的照明、光信号装置依然要符合《汽车及挂车外部照明和光信号装置的安装规定》（GB 4785—2019）的规定，具体来说就是尾板在收起后处于闭合位置时，不能对车辆的后部照明、光信号装置产生全部或部分覆盖、遮挡。

标准条文

5.3.3 尾板应按附录 B 采取相应的安全防护措施，以避免相关工作人员受到挤压和剪切伤害。

条文释义

尾板在使用过程中各零部件之间有相对运动，如使用过程中忽视安全防护将会造成严重的人身伤害事故，本标准附录 B 从操作、足尖防护、安全切断装置等方面提出了一系列安全保护措施。

标准条文

5.3.4 尾板应具有防止自动下落或自动打开的机械锁紧装置。

条文释义

本条款是对尾板处于闭合位置时的要求,规定尾板必须配备机械锁紧装置(如铰链式、卡扣式、锁钩式等锁紧装置,如图2-6所示),是为了保证车辆在行驶时,尾板能够可靠安全锁定,防止出现自行下降或打开,并可以降低车辆碰撞时发生移位的风险。尾板生产企业须高度重视机械锁紧装置设计与安装使用的有效性、可靠性,切实起到"锁紧"的作用。

a)铰链式锁紧装置

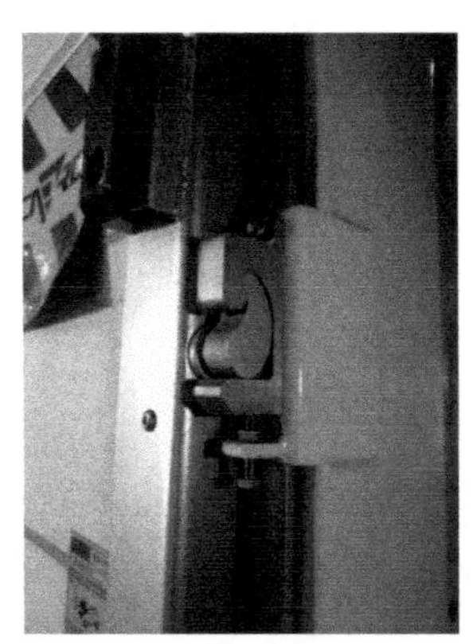

b)卡扣式锁紧装置

c)锁钩式锁紧装置

图2-6 机械锁紧装置

标准条文

5.3.5 尾板应具有机械限位装置,在每个运行动作结束后对其进行运行限制。

条文释义

本条款的要求参照欧洲标准《尾板 安装在轮式车辆上的平台式升降装置 安全要求 第1部分:载货尾板》(EN 1756—1)提出,机械限位装置主要用于尾板上升和尾板闭合后的位置限制和定位,并给操作人员明确的信号和反馈,保证尾板位置的确定性和唯一性,并可以产生一定的接触力,从而防止意外移动的发生,避免给操作人员造成伤害。机械限位装置可以是车厢后门框的全部或一部分、防撞块或者密封条等(图2-7)。

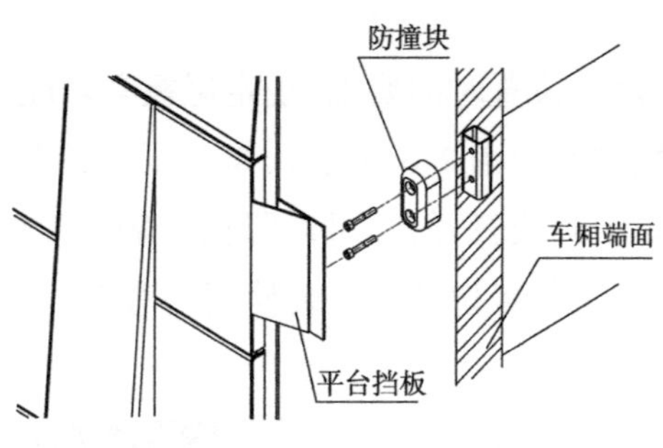

图2-7　机械限位装置示例

5.3.6　尾板控制系统应有可靠的保护措施,以保证不会被非工作人员操纵。

条文释义

本条款的要求主要是为了防止出现任何未经许可的操作。该保护措施可以是钥匙、密码锁,或是在可锁闭的驾驶室中的开关等。

标准条文

5.3.7　尾板应设置有紧急断电装置(电源总开关),且应具有过流保护装置,过流保护装置应尽可能靠近供电电池。

条文释义

设置紧急断电装置主要是为了在发生紧急情况时能够切断电源,紧急断电装置可以是电源总开关、回路中的断路开关或者是其他切断电池连接的装置。

过流保护包括短路保护、过负荷保护(过载保护)和断相保护等,主要是为了防止电流超过系统的额定电流,对设备造成损坏。尾板电路的过流保护主要是短路保护,在电路出现短路故障时可以快速分断电路,从而保护整个电路(包括车载蓄电池)不会因为电流过大而产生过热、爆炸或发生火灾的危险。过流保护装置可以是断路器或者熔断丝等。过流保护装置应安装在尽可能靠近供电电池的位置,可以减少过流传输距离,从而实现受保护的电路长度最大化,进而减小过流给尾板电路系统带来的损坏。

标准条文

5.3.8　最大举升高度不小于2m的尾板,应在平台的三个外沿安装高度不小于1100mm硬性护栏。护栏还应符合如下要求:

a)护栏栏杆的纵向间距不超过500mm,横向间距不超过120mm。若护栏可移动或折叠,在其被移动或折叠后,用于固定护栏的装置应保留在平台或者附着在护栏上。

b)在护栏最危险的位置施加300N的水平推力,位移量应不超过30mm。推力撤除后,不得有残余变形。

条文释义

针对最大举升高度超过2m的尾板提出设置硬性护栏的要求,是因为国家标准《高处作业分级》(GB/T 3608—2008)规定,凡在坠落高度基准面2m以上(含2m)有可能坠落的高处进行的作业,都称为高处作业。

本部分关于护栏高度、安装位置、间距及护栏强度的要求均参考欧洲标准《尾板安装在轮式车辆上的平台式升降装置 安全要求 第1部分:载货尾板》(EN 1756—1)的相关要求,护栏示例如图2-8所示。

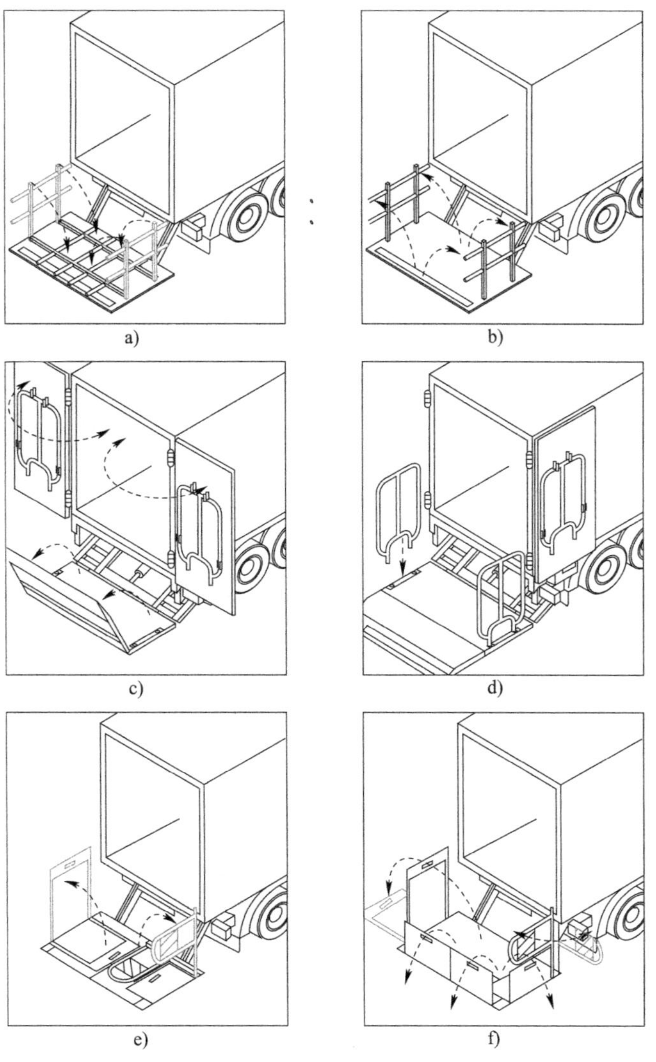

图2-8 护栏示例

标准条文

5.3.9　最大举升高度不小于2m的尾板宜装备可视或可发声的警示装置，一旦操作平台下降，即可发出声、光警示。

条文释义

本条款参照欧洲标准《尾板　安装在轮式车辆上的平台式升降装置　安全要求　第1部分：载货尾板》(EN 1756—1)提出，主要是为了在尾板下降时给尾板上及尾板周围的人员一种提示，避免或减少尾板从高于人体的高空位置下降过程中带来的伤害或安全风险，声光报警器示例如图2-9所示。

图2-9　声光报警器

标准条文

5.3.10　为防止货物意外滑落，用于装卸有轮货物或容器的尾板，宜设置高度不低于50mm的止动装置。

条文释义

因为平台着地后可能存在一定角度，在装卸带轮的货物、搬运工具或容器时，货物有从平台边缘滑落的风险，为防止这种现象发生，就需要设置止动装置，对车轮进行阻挡。将止动装置的高度定为不低于50mm是参照欧洲标准《尾板　安装在轮式车辆上的平台式升降装置　安全要求　第1部分：载货尾板》(EN 1756—1)提出的相关要求，止动装置示例如图2-10所示。

图2-10　止动装置

标准条文

5.3.11 宜在驾驶室配备明显的指示装置,使驾驶员能够清楚确认尾板是否锁定在正确的闭合位置。

条文释义

本条款要求主要是为了给驾驶员一种提示,防止驾驶员在尾板未闭合时,即上路行驶,该要求对于安装在车厢外部的尾板很有意义。因此,建议除安装在车厢内部的尾板外,尾板应尽可能配备一个安装在仪表板上的指示装置,提供至少一种信号,使车辆驾驶员能够在其正常驾驶位置确认尾板是否锁定在正确的闭合位置。

标准条文

5.3.12 尾板应设置警示旗、标志板等警示装置。标志板应符合 GB 25990 的要求。

条文释义

车辆警示旗和尾部标志板可以有效提高车辆尾部的可见度,进而减少交通事故,提高车辆运行安全。

本条款对尾部标志板的要求适用于安装后可能对车辆尾部标志板产生影响的尾板,主要是处于闭合位置时承载平台位于车辆后门外部或者作为车辆后门使用的尾板。《汽车尾部标志板》(GB 25990—2010)对 N 类和 O 类车辆的尾部标志板性能作出了详细的规定。

本条款对警示旗的要求适用于所有尾板,需要注意的是《机动车运行安全技术条件》(GB 7258—2017)规定,警示旗应能摆动,保证始终垂向地面,警示旗上的反光标识应朝向车辆外侧,保证从车辆外围目视可见,且反光性能应满足《汽车尾部标志板》(GB 25990—2010)的相关要求。因此在安装警示旗和尾部标志板时应考虑与上述标准的符合性,警示旗安装示例如图 2-11 所示。

图 2-11 警示旗安装示例

标准条文

5.3.13 液压系统应设置渗漏保护安全装置,当液压回路出现渗漏时,尾板及其部件的最大位移速度应不大于正常移动速度的 150%。当该安全装置发生作用后,平台的任何部分的位移应不大于 100mm。

5.3.14　平台垂直移动距离不超过1.6m，额定载荷不超过500kg的尾板，在管路失效时，允许平台继续下降，下降速度不超过0.165m/s。

条文释义

这两条条款要求源自欧洲标准《尾板　安装在轮式车辆上的平台式升降装置　安全要求　第1部分：载货尾板》(EN 1756—1)5.14.1.2和5.14.1.3条。渗漏保护安全装置主要是指在液压系统出现渗漏时，为防止移动速度过快，给工作人员带来危险，尾板应具有的一种安全保护措施。该装置可以是直接、刚性(不通过软管)安装在油缸上的自锁阀，目前大部分国内尾板企业选择在尾板油缸与油管连接处安装自锁阀，在油管出现渗漏失压时，自锁阀会立即自动关闭油路通道，保证尾板任何液压回路渗漏(包括软管或管路失效)所造成的任何移动的最大速度不超过正常移动速度的150%，并限制其跌落的距离。当该安全装置发生作用后，平台任何部分的位移应不超过100mm，本要求中的位移不包括因系统内漏产生的移动。但是对于平台垂直移动距离不超过1.6m，额定载荷不超过500kg的轻型尾板，软管或管道失效的情况下，其平台可允许继续下降(即使控制已经实施)，但下降速度不能超过0.165m/s。

本标准起草组对国内尾板产品进行了测试，当液压系统意外泄漏时，尾板平台的移动速度一般为正常移动速度的130%～140%，当安全装置发生作用后，平台的位移一般为80～90mm。

标准条文

5.3.15　当尾板由绳索、链条等悬挂驱动时，应装备可靠的安全装置，保证平台在机械悬挂失效时的下降距离不超过100mm。

条文释义

本条款源自欧洲标准《尾板　安装在轮式车辆上的平台式升降装置　安全要求　第1部分：载货尾板》(EN 1756—1)第5.14.1.3条。对于承载平台由绳索、链条、丝杆螺母，或者齿轮齿条进行悬吊驱动的尾板，应安装悬吊系统失效时可阻止平台下降的安全装置。在悬吊脱开后，平台继续下降的距离应不超过100mm。该安全装置在平台未被使用、举升或下降时都应有效。该装置可以是绳索/锁链松弛探测器和相应的自动平台制动设备，也可以是第二悬吊装置。

目前国内尾板升降机构主要是平行四边形(悬臂式)结构，驱动方式为油缸直接驱动；而由绳索、链条等悬挂驱动的尾板一般为垂直升降结构，此类产品在市场上相对较少。为了保持标准的先进性，直接引用了欧洲标准中的技术内容。

标准条文

5.3.16 尾板从地面举升时,可举升载荷应不大于额定载荷的125%。

条文释义

本条款要求主要是为了预防举升超载。将平台放置到地面,向平台加载125%最大载荷,实施“举升”操作,尾板应无法举升,但承载平台向上倾斜是允许的,在产品设计时,可通过对尾板液压系统压力限定装置进行调定来满足该条款的要求。

标准条文

5.3.17 为降低过力矩带来的风险,平台深度尺寸超过1200mm的尾板,应在平台上永久标记额定载荷的质心位置。

条文释义

本条款要求源自欧洲标准《尾板 安装在轮式车辆上的平台式升降装置 安全要求 第1部分:载货尾板》(EN 1756—1),质心点是质心线与宽度方向中线的交叉点,质心线距离平台近车厢侧边缘的距离为 d 固定值,其值一般为平台深度的1/2或600mm(取小值)(制造商另有规定的,以制造商规定值为准)。当用户对尾板加载的货物质心与尾板质心点相同时,尾板可以承载额定载荷。现阶段尾板生产企业一般会在尾板上标注质心线和质心点,以提示尾板使用者在加载时,注意将货物质心尽量靠近质心线以内,以保证作业安全,尾板质心位置示例如图2-12所示。

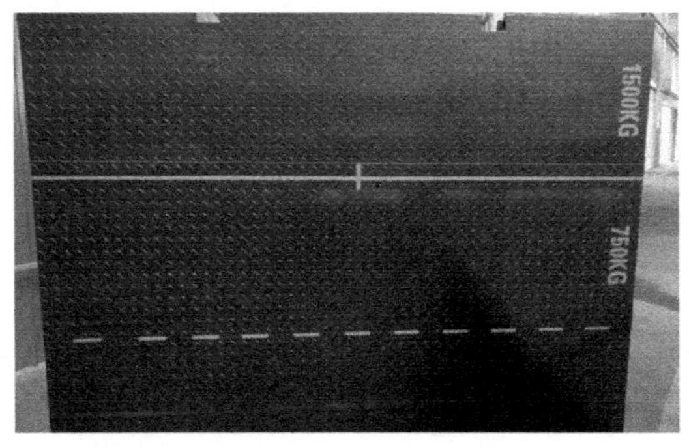

图2-12 尾板质心位置

5.3.18 平台

a)平台表面应有可靠的防滑措施,保障举升作业正常进行。

b)平台上供操作人员站立或行走的区域,不应有可能导致绊跌的障碍物。安全护栏、止动装置等安全装置和部件除外。

c) 平台上不允许操作人员站立或行走的区域，应有清晰、明确的标记。

d) 平台的外部边缘应光滑，不应有锋利的锐边、尖角、毛刺等。锐边或尖角圆弧半径应不小于1.5mm。

条文释义

平台表面应有可靠的防滑措施（如采用花纹钢板），且应保证在制造商所能预见的举升作业中的最大横向或纵向角度情况下均有效。为避免损坏平台表面，平台表面应容易去除危险物质，特别是冰、雪和液体等。

平台上可供操作人员站立和行走的任何区域不得有可能导致绊跌的障碍物。安全护栏、止动装置及属于止动装置、照明装置或脚踏开关的物体除外。如图 2-13 所示尾板，采用花纹钢板防滑，且有明显标记提醒红线以外的区域不允许操作人员站立或行走。

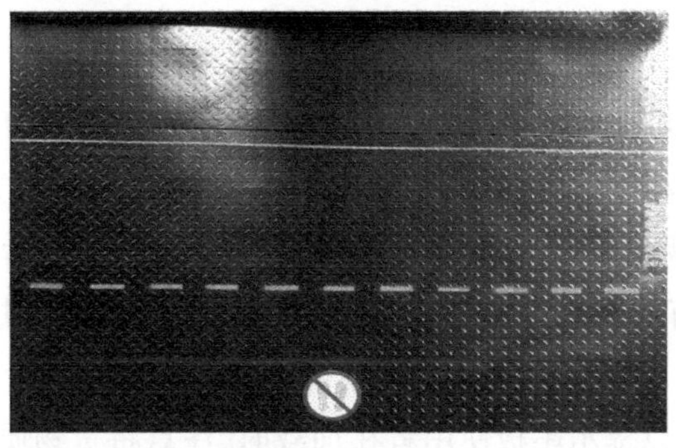

图 2-13　平台标识

标准条文

5.3.19　液压系统

5.3.19.1　液压系统应符合 GB/T 3766 的规定。

条文释义

《液压传动　系统及其元件的通用规则和安全要求》（GB/T 3766—2015）修改采用国际标准 ISO 4413:2010，标准涉及与液压系统相关的所有重大危险，并规定了当系统安置在其预定使用场合时避免这些危险的原则。该标准适用于液压系统及其元件的设计、制造、安装和维护。

标准条文

5.3.19.2　液压系统的压力限定装置、流量调节阀和负载限制装置的调整装置应得到妥善保护，避免随意、未经授权的操作。

5.3.19.3 液压系统在规定的使用条件下,全部管路、元件、可拆结合面、活动连接的密封处应密封良好,不得有油液的外漏现象。

条文释义

液压系统的压力限定装置、流量调节阀和负载限制装置的调整装置是尾板液压系统安全的重要部件,在设计与制造环节生产企业应采取相关保护措施,避免随意、未经授权的操作。

标准条文

5.3.19.4 尾板液压系统应能承受额定工作压力1.25倍的压力,不得有零件损坏变形,外漏应符合5.3.19.3的规定。

条文释义

本标准5.3.19.7条规定:尾板液压系统压力限定装置调定的最大压力为额定工作压力的1.25倍;5.3.16条规定:尾板从地面举升时,可举升载荷应不大于额定载荷的125%。当尾板举升1.25倍的额定载荷时,液压系统的实际压力小于液压系统额定工作压力的1.25倍,因此为了保证尾板可以安全可靠地工作,液压系统应能承受额定工作压力1.25倍的压力。

标准条文

5.3.19.5 尾板液压系统装配质量应符合GB/T 7935—2005中第4.5~4.8条的规定。清洁度控制应符合JB/T 6996—2007第3.9条的规定。

5.3.19.6 尾板液压系统中的管路应符合JB/T 6996—2007中第6章的规定,液压软管应符合JB/T 8727的规定,尾板所用软管及软管接头的爆破压力应不低于系统额定工作压力的4倍。

条文释义

《液压元件 通用技术条件》(GB/T 7935—2005)适用于一般工业用途的液压元件,第4.5~4.8条规定零件在装配前应清洗干净,不应带有任何污染物;元件装配时,不应使用棉纱、纸张等纤维易脱落物擦拭壳体内腔及零件配合表面的进、出流道,也不应使用有缺陷及超过使用有效期的密封件,应在元件的所有连接油口附近清晰标注表示该油口功能的符号。

《重型机械液压系统 通用技术条件》(JB/T 6996—2007)适用于机械设备公称压力不大于31.5MPa的液压系统,第3.9条规定了液压系统元件、辅助元件及系统组装过程中的清洁度控制要求。第6章规定了液压系统管路、油箱的焊接要求。

《液压软管总成》(JB/T 8727—2017)规定了5种连接型式和2种软管类型(钢丝编织型和钢丝缠绕型)液压软管总成的基本参数、连接尺寸、技术要求和试验方法。适用于以液压油液为工作介质,工作温度范围为-40~100℃的钢丝编织型液压软管总成和4SP、4SH钢丝缠绕型液压软管总成,以及工作温度范围为-40~120℃的R12、R13和R15钢丝编织型液压软管总成。

标准规定尾板所用软管及软管接头的爆破压力应不低于系统额定工作压力的4倍。主要是参照《尾板 安装在轮式车辆上的平台式升降装置 安全要求 第1部分:载货尾板》(EN 1756—1)标准5.14.3.2条提出,目的是保证尾板液压系统不会被瞬时的超压损坏。

标准条文

5.3.19.7 尾板液压系统应安装压力限定装置,该装置调定的最大压力为额定工作压力的1.25倍。此装置对平台处于举升位置时施加的载荷应无响应。

条文释义

限定尾板液压系统的最高压力首先是为了防止液压系统损坏,同时与本标准5.3.16条款要求相协调,为了避免因为尾板超载对尾板造成损伤并引发安全事故,因此要求尾板液压系统应安装压力限定装置,且限定该装置调定的最大压力为额定工作压力的1.25倍。但在实际使用中,并不是简单地调整到额定工作压力的1.25倍,而是要结合负载的1.25倍限值进行调整。

考虑到在实际使用中,部分用户可能会在尾板处于举升状态时,持续对尾板施加载荷,因此为了保证此时货物及作业人员的安全,规定压力限定装置在尾板载货平台已处于举升状态时应不工作。

标准条文

5.3.19.8 尾板液压系统使用的液压油应符合JB/T 6996—2007第4章的规定,液压油固体污染度应符合QC/T 29104的规定,其固体污染颗粒数代码为18/15。

条文释义

《重型机械液压系统 通用技术条件》(JB/T 6996—2007)适用于机械设备公称压力不大于31.5MPa的液压系统,其第4章规定了液压油的基本要求、使用注意事项、维护注意事项。《专用汽车液压系统液压油固体颗粒污染度的限值》(QC/T 29104—2013)中,代码为18/15的液压油表示1mL液压油中含有大于5μm的固体污染颗粒数标号为18,其固体污染颗粒数范围为1300~2500;含有大于15μm的固体污染颗粒数标号为

15,其固体污染颗粒数范围为160~320。本条款明确了液压系统使用的工作介质质量,应在相应的技术文件中予以规定和执行。

5.3.20 控制系统

5.3.20.1 控制装置应符合止-动控制原则,当控制动作停止时,尾板应停止运动,保持静止。同时,应具备防止意外操作的功能。

5.3.20.2 控制装置的操纵方向应与操纵结果在逻辑上保持一致。

条文释义

要求控制系统必须符合止-动控制原则和具备防止意外操作的功能,主要是因为在尾板实际使用时,工作环境和工作人员相对杂乱,任何多余的动作都是不必要的,严格限定止-动原则和防止意外操作可以最大限度地减少意外伤害。防止意外操作功能可以采取将控制器隐藏或遮盖起来、设置电控箱锁、设定为双手或双脚操作和增加操作逻辑等措施来实现。

控制装置的操纵方向应与操纵结果在逻辑上保持一致同样是为了避免产生误解,从而保证操作的安全。

标准条文

5.3.20.3 当采用一个控制装置对几个动作进行控制,应采取有效措施,防止产生危险的动作冲突。

条文释义

当采用如图2-14所示的控制装置对上升、下降、关门、开门等几个动作进行控制时,如果控制逻辑不够清晰,有可能会导致操作人员误操作或者尾板本身动作冲突,因此在设计环节需进行规避。

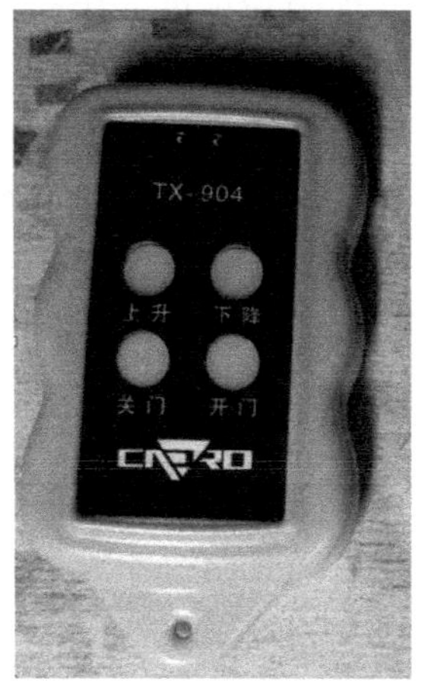

图2-14 控制装置

标准条文

5.3.20.4 具有一个以上控制装置的尾板,应确定多个控制装置间的优先顺序,并采取有效措施,预防命令冲突带来的风险。

对于具有一个以上控制器的尾板,例如配备一个可移动控

制器和一个固定控制器时，如果工作人员之间没有沟通好，同时对尾板进行操作，会有很大的风险，为了规避这种风险，在设计时，应考虑多个控制器之间的优先级。

标准条文

5.3.20.5　控制装置的配备以及安装位置应保证操作人员自身处于安全工作位置，并对货物、平台和周围区域有良好的观察。同时，能够最大程度降低周边交通带来的风险[参照附录B，图2-33和图2-34(注：原标准图号为图B.1和B.2)]。

条文释义

控制器的设计应考虑两点：保证操作人员双手安全和方便操作人员观察平台及货物。图2-33中的距离L太小，容易对操作人员双手造成伤害；距离L太大，不利于操作人员观察平台和货物情况。降低周边交通带来的风险，一般指须将控制器设计在靠近道路边缘的一侧，远离周边的往来交通。

标准条文

5.3.20.6　采用固定式控制装置控制平台打开、闭合及折叠的尾板，其控制装置应是双手操纵式。采用便携式控制装置控制平台的打开、闭合以及折叠的尾板，应配备至少两台控制装置。

条文释义

标准规定固定式控制装置必须是双手操纵式，是为了避免操作人员一手控制尾板运动，另一只手处在尾板运动区域，造成挤压和剪切伤害。规定配备便携式控制装置的尾板应配备至少两台控制装置，是为了避免当一个控制器找不到或失效时，尾板无法继续控制和正常工作。

标准条文

5.3.20.7　双手操纵的有关特性应符合GB/T 19671—2005表1中类型Ⅰ的有关规定。使用双手或双脚进行控制的尾板，还应满足下列要求：

a)控制装置的设计应保证必须使用双手或双脚才可进行操纵，具体要求应符合附录B；

b)只有在控制装置全部操作到位时，运动才发生；

c)任何一个控制装置释放，运动即会立刻停止。

条文释义

《机械安全　双手操纵装置　功能状况及设计原则》(GB/T 19671—2005)修改采用

ISO 13851:2002,该标准描述双手操纵装置达到安全要求的主要特性和输出信号对输入信号的依赖性。生产企业在设计操纵装置时,应充分考虑该标准中对双手操纵装置有关特性的描述和安全要求。

双手或双脚控制的型式,是指只有在双手或双脚的控制装置全部操作到位时,运动才发生,任何一个控制装置释放,运动即立刻停止。这种模式可以明显减少误操作以及对操作人员产生挤压或剪切伤害的风险。

5.4 可靠性

尾板在空载运行3000次,负载运行30000次后,不应出现结构破坏、永久变形、异常磨损等现象(易损件除外),且仍应具有良好的操作性。

条文释义

可靠性是指产品在规定的条件下和规定的时间内,完成规定功能的能力,这是目前机械设备研制过程中的一项重要技术指标,是决定产品效能的一项关键特征。车用起重尾板作为机械产品的一种,由多个系统构成。为保证尾板在设计的使用期限内能够正常使用,本标准对车用起重尾板可靠性试验的试验条件、试验次数和试验后的性能进行了规定。

《车用起重尾板》(QC/T 699—2004)规定,尾板应能承受空载运行10000次、负载运行90000次的耐久性试验。本标准修订时,有专家提出因试验次数要求过高,导致耐久性试验周期太长,增加了企业负担,且近年来行业管理中,设备可靠性已不再作为强制性要求,改由厂家自己进行把控,因此在本标准起草过程中,起草组综合考虑后将可靠性试验次数修改为空载运行3000次,负载运行30000次。

需要说明的是,可靠性与耐久性是两个不同的概念,不能混淆。尾板也是可以进行维护的,引导企业在基本可靠性水平基础上开展维护工作,更为现实可行。

第六节 关于“6 试验方法”的释义

“6 试验方法”为本标准的主要技术内容之一。作为产品标准,对于标准中提出的相关技术要求,均应有对应的试验方法,确保标准的有效实施和产品质量的稳定。该部分对技术要求中主要性能条款提出了试验方法,对于相对简单的试验或检验按照常规试验方法进行。

标准条文

6　**试验方法**

6.1　外观

目视进行外观检查，应符合5.1.3~5.1.6的规定。

条文释义

目视检查通常由视力正常、经过岗位专业培训且达到要求的人员，对照样品现状与标准要求来判断其符合性。

6.2　油漆涂层质量

6.2.1　油漆涂层硬度检查按GB/T 6739的规定进行，其值应符合本标准5.1.7的规定。

6.2.2　油漆涂层附着力按采用划格测定法，应符合GB/T 9286的规定，采用每个方向切割数为6、切割间距为1mm划格，其值应符合本标准5.1.7的规定。

条文释义

《色漆和清漆　铅笔法测定漆膜硬度》(GB/T 6739—2006)规定了漆膜的硬度试验设备、试验条件、试验步骤等，车用起重尾板的油漆涂层硬度试验完全可以按照该标准的规定进行，试验结果应符合《色漆和清漆　铅笔法测定漆膜硬度》(GB/T 6739—2006)的规定，不低于2H铅笔硬度。试验时，将尾板平台调整至水平状态，2H铅笔与平台保持在大约45°的角度，铅笔负载(750±10)g，以0.5~1mm/s的速度在样品上推动至少7mm，试验后用软布擦拭试验区域，观察涂层是否出现塑性变形或内部破坏等缺陷，在不同的区域进行2次试验。试验前铅笔笔尖按标准进行处理，试验划痕区域避开防滑凹凸不平的区域。

《色漆和清漆　漆膜的划格试验》(GB/T 9286—1998)规定了漆膜的划格试验设备、试验条件、试验步骤等，车用起重尾板的油漆涂层附着力试验可以按照该标准的规定结合本标准的规定进行，试验结果应符合《色漆和清漆　漆膜的划格试验》(GB/T 9286—1998)规定的Ⅰ级要求。使用仪器是间隔为1mm的6齿划格器，使划格器刀具垂直于尾板平台表面均匀施力(图2-15)，匀速地在油漆涂层上划取90°相交的网格状切割线，用3M胶黏带处理试验区域后开始观察油漆涂层，允许在切口交叉处有少许涂层脱落，但交叉切割面积影响不能明显大于5%，在样品表面3个不同位置重复该试验。试验时应注意划格器刀具应该都划透至底材表面，划格完成后应先用软毛刷清理涂层，再用3M粘黏带粘贴至网格区，保证胶带与油漆涂层全部接触。观察油漆涂层脱落情况可与《色

漆和清漆 漆膜的划格试验》(GB/T 9286—1998)规定的Ⅰ级要求的图形进行对比。

图 2-15 划格器

6.3 运行试验

6.3.1 运行试验由制造商在试验台架上,或安装人员在安装后进行。试验台架应有足够的刚度和强度,以及可靠的夹持机构,保证尾板在试验过程中位置稳定,其固定部分无明显移动和下沉,无永久变形。

条文释义

本条款明确了运行试验的两种情形:一种是尾板安装完成之前由制造商或其委托的试验机构在专用试验台架上进行;另一种是尾板安装完成后由安装人员在车辆上进行。

此外,本标准还规定当在试验台架上试验时,试验台架的基础及其自身应有足够的刚度和强度,以及可靠的夹持机构,保证尾板在试验过程中位置稳定,其固定部分无明显移动和下沉,无永久变形。这是为了保证试验安全和试验结果的准确可靠提出的设备要求,检测机构或部门要严格执行。

在开展相关试验时,需要设计专用的测试平台(示例如图 2-16 所示),用于尾板试验验证的"车用起重尾板综合测试平台"主要由安装台架、驱动系统、上位机、检测软件、位移传感器、角度传感器及反射式光电开关等部分组成。

图 2-16 车用起重尾板综合测试平台

6.3.2 空载运行试验

空载运行试验按 5.2.1.1 的规定,连续试验 5 次,应符合 5.2.1.1 的要求。试验后,

检查外部渗漏,应符合5.3.19.3的规定。

条文释义

本条款以升降机构结构为平行四边形式,尾板平台型式为普通型(悬臂式)的尾板动作顺序为例,规定了车用起重尾板空载运行试验的载荷条件、试验步骤、试验次数、试验中的要求及试验后的要求。

载荷条件为空载。单次试验步骤为闭合位置→打开与车厢底面平→下降着地→向下倾斜→向上倾斜→上升与车厢底面平→闭合,试验次数为连续5次。试验中尾板应平稳、协调,无干涉、抖动、卡滞现象,且无异常噪声。试验后全部管路、元件、可拆结合面、活动连接的密封处应密封良好,不得有油液外漏现象。

需要注意的是,升降机构结构为垂直升降式或套筒式的尾板,一般不具备向下倾斜和向上倾斜功能,试验时遇到升降机构结构为垂直升降式或套筒式的尾板,可以省略这两个动作。

6.3.3　空载上升速度试验

在6.3.2规定的试验中,测量上升过程中由图2-1(注:标准原图号为图1)中e)上升至f)所经过的位移及时间,计算平均速度,取平均值。空载上升速度应符合5.2.1.2的规定。

条文释义

本条款规定了车用起重尾板空载上升速度数值取得试验的四个方面:一是载荷条件,二是试验步骤,三是试验次数,四是数据处理。

载荷条件与空载运行试验相一致,都是空载状态下。试验步骤方面,空载上升速度试验与空载运行试验同步进行,通过测量位移及时间计算出每次从向上倾斜至上升到最高举升位置的平均上升速度。需要注意的是部分尾板(如部分垂直升降式或套筒式尾板)不具备倾斜功能,在测试时测量尾板平台从着地状态至上升到最高举升位置的平均上升速度。试验次数明确为5次,每次试验均需测量计算当次的平均上升速度,再对5次平均上升速度取平均值来得出最终试验结果。数据处理方面建议每次试验平均速度应按《数值修约规则与极限数值的表示和判定》(GB/T 8170—2008)的规则"四舍五入、奇进偶不进",保留小数点后一位有效数字,5次平均后取整数。最终试验结果应符合尾板空载上升速度不大于150mm/s的规定。

标准条文

6.3.4　打开/闭合速度试验

在6.3.2规定的试验中,测量平台打开/闭合过程的时间。计算打开/闭合角速度,取平均值。打开/闭合速度应符合5.2.1.3的规定。

条文释义

本条款规定了车用起重尾板平台打开/闭合角速度数值取得试验的四个方面:一是载荷条件,二是试验步骤,三是试验次数,四是数据处理。

载荷条件为空载。试验步骤方面,打开/闭合角速度试验与空载运行试验同步进行,通过测量角度及时间计算出每次尾板平台打开/闭合的角速度。检测时也可用2个角度传感器分别固定在尾板平台表面的左右两侧,在尾板整个运动过程中实时记录平台角度变化。试验次数为5次,角速度的读取和取值应按《数值修约规则与极限数值的表示和判定》(GB/T 8170—2008)的规则"四舍五入、奇进偶不进",保留小数点后一位,每次打开/闭合角速度取左右两侧角速度的平均值,尾板平台打开/闭合角速度取5次测量值的平均值作为最后试验结果。最终试验结果应符合平台打开/闭合角速度不大于10°/s的规定。采用人力(或辅以助力机构)打开和/或闭合的尾板不进行该项试验。

标准条文

6.3.5 负载运行试验

负载运行试验按5.2.2.1的规定,连续试验5次,应符合5.2.2.1的要求。试验后,检查外部渗漏,应符合5.3.19.3的规定。

条文释义

本条款规定了车用起重尾板负载运行试验的载荷条件、试验步骤、试验次数、试验中的要求及试验后的要求。尾板负载运行试验的载荷为额定载荷,试验步骤为向下倾斜状态开始→向上倾斜→上升与车厢底面平→下降着地→向下倾斜,试验次数为连续5次,试验中尾板应平稳、协调,无干涉、抖动、卡滞现象,且无异常噪声,试验后全部管路、元件、可拆结合面、活动连接的密封处应密封良好,不得有油液外漏现象。

标准条文

6.3.6 负载下降速度试验

在6.3.5规定的试验中,测量下降过程中由图2-1(注:标准原图号为图1)中f)下降至c)所经过的位移及时间,计算平均速度,取平均值。负载下降速度应符合5.2.2.2的规定。

条文释义

本条款规定了车用起重尾板负载下降速度数值取得试验的四个方面:一是载荷条件,二是试验步骤,三是试验次数,四是数据处理。

载荷条件与负载运行试验相同,试验与负载运行试验同步进行,测量每次尾板下降过程中由上升与车厢底面平→下降着地所经过的位移及时间。试验次数为5次,每次下降均需记录平均下降速度,数据处理方面建议每次试验平均速度应按《数值修约规则与极限数值的表示和判定》(GB/T 8170—2008)的规则“四舍五入、奇进偶不进”,保留小数点后一位有效数字,5次平均后取整数。结果应符合尾板在额定载荷下的负载下降速度应不大于150mm/s的规定。

6.3.7　倾斜速度

在6.3.4规定的试验中,分别测量向下倾斜[图2-1中d)]和向上倾斜[图2-1中e)][注:标准原图号为图1d)和图1e)]的倾斜角度及时间。计算倾斜的角速度,取平均值。倾斜速度应符合5.2.2.3的规定。

条文释义

本条款规定了车用起重尾板倾斜角速度数值取得试验的四个方面:一是载荷条件,二是试验步骤,三是试验次数,四是数据处理。

载荷条件为额定载荷。试验步骤方面,倾斜角速度试验与负载运行试验同步进行,通过测量角度及时间计算出每次尾板平台倾斜的角速度。检测时也可用2个角度传感器分别固定在尾板平台表面的左右两侧,在尾板整个运动过程中实时记录平台角度变化。试验次数为5次,角速度的读取和取值应按《数值修约规则与极限数值的表示和判定》(GB/T 8170—2008)的规则“四舍五入、奇进偶不进”,保留小数点后一位,每次倾斜角速度取左右两侧角速度的平均值,尾板平台倾斜角速度取5次测量值的平均值作为最后试验结果。最终试验结果应符合尾板在额定载荷下的两种倾斜运动时的倾斜角速度不大于4°/s的规定。

标准条文

6.3.8　加载前后位置变化量试验

平台位于1/2最大垂直位移位置,保持水平,测量平台四个角的位置高度。然后向尾板加载125%额定载荷,静置10min后,将载荷移出承载平台,再次测量平台四个角的位置高度。计算加载前后平台四角位置的变化量,取其平均值。应符合5.2.3的规定。

条文释义

本条款要求测量车用起重尾板承载平台加载前后位置变化量,试验需要记录初始状态数值和试验之后数值,平台要处于尾板最大垂直位移的1/2位置,并保持水平,在这个状态下测量平台四个角的位置高度。然后向尾板平台加载125%额定载荷,静置10min之后,将载荷移出承载平台,再次测量平台四个角的位置高度。对比试验前和试验后的位置变化量,计算出每个角的位置变化量,对结果取平均值,按照本标准规定,试验后应符合尾板零部件不得损坏,承载平台位置变化量不大于5mm的规定。需注意的是,在开始本试验前尾板应经过充分磨合,并采取必要措施,排除外界无关因素(如液压系统内部的空气、液压系统的外部渗漏等)的干扰。

6.3.9 负载静置变化量试验

平台位于垂直位移最高位置,保持水平。向尾板加载125%额定载荷,测量承载平台四角位置的高度,并通过计算得到平台四个方向的角度,30min后再次测量。两次测量之间的垂直位移和角度的变化应符合5.2.4规定。试验后,检查外部渗漏,应符合5.3.19.3的规定。

条文释义

本条款要求测量车用起重尾板承载平台负载静置之后垂直位移变化量和角度的变化量,试验需要记录试验初期状态数值和试验末期数值,平台要处于尾板最大垂直位移的最高位置,并保持水平,向尾板平台加载125%额定载荷,在这个状态下测量平台四个角的位置高度,并通过四个角的高度差计算出平台前、后、左、右四个方向的角度,有条件的可在平台宽度和深度方向垂直摆放多个角度传感器(角度测量仪)对角度进行测量。静置30min之后,再次测量平台四个角的位置高度。对比两次测量之间垂直位移和角度的变化,计算出每个角的垂直位移变化量。通过四个角的高度差计算(或通过角度传感器、角度测量仪前后度数差)得出平台前、后、左、右四个方向的角度变化。按照本标准规定,试验结果应符合平台每个角的垂直位移变化量均不得大于15mm,平台前、后、左、右四个方向的角度前后变化不大于2°,试验后,全部管路、元件、可拆结合面、活动连接的密封处应密封良好,不得有油液外漏现象的规定。需注意的是,在开始本试验前尾板应经过充分磨合,并采取必要措施,排除外界无关因素(如液压系统内部的空气、液压系统的外部渗漏等)的干扰。

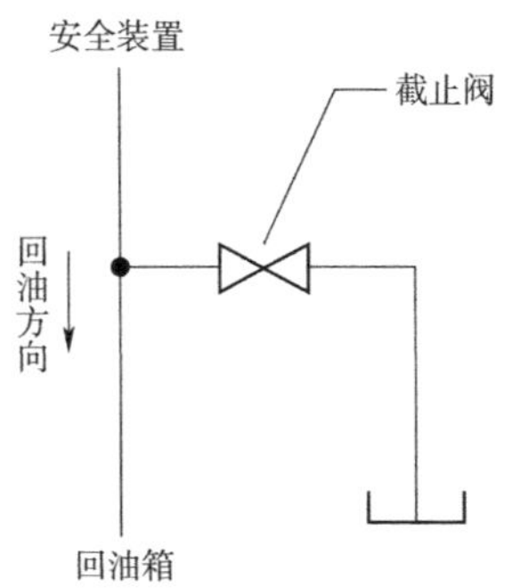

图2-17 泄流旁路

标准条文

6.4 安全、防护措施的检验、验证

6.4.1 对意外移动进行控制

6.4.1.1 如图2-17(注:标准原图号为图4)所示,在液压系统回路中接入泄流旁路。调整平台使其位于1/2最大垂直位移位置,向尾板加载额定载荷。随后以最快速度打开泄流旁路截止阀。测量平台下降或倾斜产生的位移和移动起止时间,并计算位移的速度,应符合5.3.13、5.3.14的规定。

6.4.1.2　在绳索、链条等悬挂系统中接入机械分断装置。调整平台使其位于1/2最大垂直位移位置,向尾板加载额定载荷。随后以最快速度打开悬挂系统的机械分断装置。测量平台垂直下降距离,应符合5.3.15的规定。

条文释义

6.4.1.1条是对尾板液压系统回路出现渗漏时尾板安全、防护措施的检验、验证。试验前在尾板液压系统回路举升油缸管路中接入泄流旁路,泄流旁路管路上应有手动可以打开关闭的截止阀,如图2-17所示。然后将尾板平台举升到位于1/2最大垂直位移位置,向尾板加载额定载荷后,以最快速度打开泄流旁路截止阀,平台会下降或倾斜,记录平台下降或倾斜产生的垂直位移和移动起止时间,由此计算出垂直位移的速度。按照本标准规定,试验结果应符合尾板及其部件的最大位移速度不大于正常移动速度的150%,平台任何部分的位移不大于100mm,平台垂直移动距离不超过1.6m,额定载荷不超过500kg的尾板,允许平台继续下降,下降速度不超过0.165m/s的规定。

6.4.1.2条是对尾板机械悬挂系统失效时尾板安全、防护措施的检验、验证。试验前在尾板绳索、链条等悬挂系统中接入机械分断装置(图2-18),然后将尾板平台举升到位于1/2最大垂直位移位置,向尾板加载额定载荷后,以最快速度打开悬挂系统的机械分断装置,记录平台下降产生的垂直位移。平台在机械悬挂系统失效时的下降距离不超过100mm的试验结果才满足本要求。

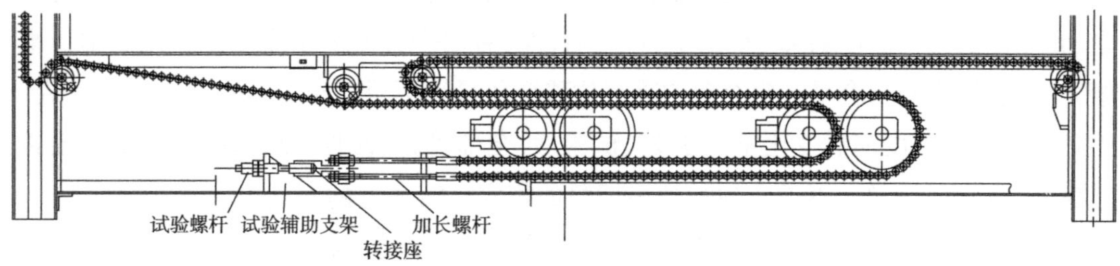

图2-18　机械分断装置安装示意图

机械分断装置是指一种可以模拟机械悬挂系统失效(脱扣、断裂)的装置。试验中,图2-19是该装置的一个示例,包含辅助试验支架、中部尺寸较小试验螺杆和转接座,以及加长连接螺杆,加长螺杆替代原产品中的调节螺杆与链条连接。通过详细的计算和充分的试验,以及对尺寸精度和热处理的严格控制,保证在试验要求的载荷作用下,试验螺杆在中部较小尺寸处产生断裂,从而模拟链条及其连接螺杆出现断裂的情况,检测产品是否符合标准的要求。实际检测时，建议生产企业在送样前就将机械分断装置安装在样品上。

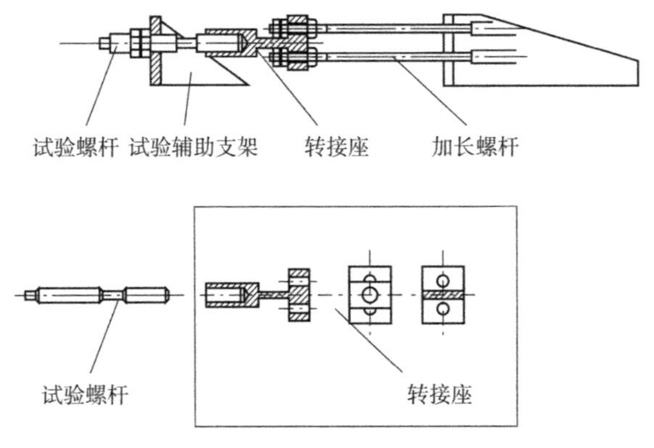

图2-19 机械分断装置示意图

标准条文

6.4.2 预防举升超载试验

将平台放置到地面，在平台质心位置分别加载120%和125%的额定载荷，实施“举升”操作，120%额定载荷应可以举升，125%额定载荷应无法举升(向上倾斜是允许的)，视为符合5.3.16的规定。

条文释义

本条款是检验尾板是否具有防超载功能。该试验方法是根据在两种载荷情况下尾板是否能够举升起来，从而来判定尾板举升油缸是否具有防超载功能。平台下降到地面，并向下倾斜与地面贴平，分别向尾板平台质心位置加载120%和125%的额定载荷，然后尾板进行向上倾斜→上升与车厢底面平的运动动作。按照本标准规定，试验结果应符合当载荷为120%额定载荷尾板可以进行向上倾斜和上升与车厢底面平的运动动作，当载荷为125%额定载荷尾板可以进行向上倾斜运动动作但是不能进行上升与车厢底面平的运动动作的规定。

6.4.3 超压试验

操纵尾板每一个运动至极限位置，通过调整溢流阀(安全阀)并持续供压，使系统压力达到额定工作压力的1.25倍，保压1min，检查尾板，应符合5.3.19.4的规定。

条文释义

本条款目的在于测试尾板液压系统能否承受更高的压力。测试前需要在主压力管路上接入一个压力表,通过调整溢流阀(安全阀)使液压系统输出125%额定工作压力,在每一个运动极限位置(包括但不限于尾板垂直上升到最高点、闭合极限位置以及滑动极限位置)时分别进行测试。在每一个运动极限位置保持压力1min,每一次在保持压力过程中及保持压力结束后对尾板进行全面的检查。按照本标准规定,试验结果应符合尾板不得有零件损坏变形,全部管路、元件、可拆结合面、活动连接的密封处应密封良好,不得有油液外漏现象的规定。注意,在超压试验结束后,要将系统的工作压力调回至额定工作压力。

6.4.4 液压油固体污染度测定

液压油固体污染度测定按QC/T 29105的规定。应符合固体污染颗粒数代码为18/15的规定。

《专用汽车液压系统液压油固体颗粒污染度测试方法》为系列标准,由《专用汽车液压系统液压油固体污染度测试方法　术语及其定义》(QC/T 29105.1—1992)、《专用汽车液压系统液压油固体污染度测试方法　装置及装置的清洗》(QC/T 29105.2—1992)、《专用汽车液压系统液压油固体颗粒污染度测试方法　取样》(QC/T 29105.3—2013)和《专用汽车液压系统液压油固体污染度测试方法　显微镜颗粒计数法》(QC/T 29105.4—1992)四部分构成,规定了液压系统液压油固体颗粒污染度试验设备、试验条件、试验步骤等。车用起重尾板的液压系统液压油固体颗粒污染度试验完全可以按照该标准的规定进行,试验结果应符合《专用汽车液压系统液压油固体颗粒污染度的限值》(QC/T 29104—2013),固体污染颗粒数代码为18/15的规定。

6.5 可靠性试验

按表2-1(注:标准原表号为表1)要求进行可靠性试验。

可靠性试验　　表2-1

试验项目	技术要求	试验方法	试验次数
空载运行试验	5.2.1	6.3.2	3000
负载运行试验	5.2.2	6.3.5	30000

条文释义

本条款是检验尾板运行的可靠性。尾板需要按照规定进行空载试验和满载试验。

同一个尾板先后需要在空载状态下按闭合位置→打开与车厢底面平→下降着地→向下倾斜→向上倾斜→上升与车厢底面平→闭合的顺序完成全功能3000次空载运行试验，和在额定载荷下按向下倾斜→向上倾斜→上升与车厢底面平→下降着地→向下倾斜的顺序进行30000次负载运行试验。按照本标准规定，空载试验和负载试验完成后尾板样品不应出现结构破坏、永久变形、异常磨损等现象（易损件除外），且仍应具有良好的操作性。

需特别指出的是，所有试验用仪器设备的精度、量程和技术状况均需满足试验要求，均需按照相关规定进行计量检定或校准，确保量值溯源。

第七节 关于“7 检验规则”的释义

作为产品标准，“7 检验规则”为本标准不可缺少的内容之一。按照相关规定的检验规则，检验分为出厂检验和型式检验。出厂检验也称为例行检验，就是产品出厂前制造厂检验部门按照要求逐项进行检验并记录，型式检验一般是针对新产品或产品材料、工艺等有重大变化时开展的检验工作。该部分规定了车用起重尾板的出厂检验要求、检验内容和对应条款；规定了型式检验的前提要求和分别对应的检验内容和条款，以便于企业对照标准实施。

7 检验规则

7.1 尾板检验分为出厂检验（制造商检验和安装人员检验）和型式检验。根据实施阶段的不同，出厂检验又分为制造商实施的出厂检验和安装人员实施的出厂检验两类。出厂检验和型式检验的项目见表2-2（注：标准原表号为表2）。

检验项目 表2-2

检验项目	检验内容	技术要求	试验方法	出厂检验	型式检验	备注
外观检查	目视、对比检查	5.1.3~5.1.6	6.1	△☆	△	
	油漆涂层硬度	5.1.7	6.2.1		△	
	油漆涂层附着力	5.1.7	6.2.2		△	
运行	空载运行	5.2.1.1	6.3.2	△☆	△	
	空载上升速度	5.2.1.2	6.3.3		△	
	打开/闭合速度	5.2.1.3	6.3.4		△	
	负载运行	5.2.2.1	6.3.5	△☆	△	
	负载下降速度	5.2.2.2	6.3.6		△	
	倾斜速度	5.2.2.3	6.3.7		△	

续上表

检验项目	检 验 内 容	技术要求	试验方法	出厂检验	型式检验	备　注
结构稳定性	加载前后位置变化量	5.2.3	6.3.8		△	
	负载静置变化量	5.2.4	6.3.9		△	
安全保护措施及要求	后下防护装置	5.3.1	6.4.5	☆	△	目视、测量
	原车照明和光信号装置要求	5.3.2	6.4.5	☆	△	目视、功能检查
	预防挤压和剪切措施及要求	5.3.3	6.4.5	☆	△	目视、功能检查
	机械锁紧装置	5.3.4	6.4.5	△☆		功能检查、计算
	机械限位装置	5.3.5	6.4.5	☆		目视、功能检查
	防止未经授权的操作	5.3.6	6.4.5		△	功能检查
	总电源的切断和保护	5.3.7	6.4.5	△☆	△	目视、功能检查
	工作区域的防护	5.3.8	6.4.5	△		目视、分析
	止动装置	5.3.10	6.4.5	☆	△	功能检查、分析
	尾板锁定状态的指示	5.3.11	6.4.5	☆	△	功能检查
	尾板平台的警示装置	5.3.12	6.4.5	☆	△	目视
	对意外移动进行控制	5.3.13~5.3.15	6.4.1		△	
	防止举升超载	5.3.16	6.4.2	△	△	
	防止过力矩标记	5.3.17	6.4.5	△	△	目视
	平台表面及边缘要求	5.3.18	6.4.5	△	△	测量
	防止液压系统未经授权的调整	5.3.19.2	6.4.5	△		目视、分析
	液压系统密封性	5.3.19.3	6.4.5	△☆		目视
	液压系统超压要求	5.3.19.4	6.4.3		△	
	液压系统装配清洁度及控制	5.3.19.5	6.4.4		△	
	液压系统管路	5.3.19.6	6.4.5		△	计算及分析
	液压系统限压装置	5.3.19.7	6.4.5	△	△	功能检查、计算
	液压油固体污染度要求	5.3.19.8	6.4.5		△	分析
	止-动控制原则及防意外操作要求	5.3.20.1	6.4.5	△	△	功能检查
	逻辑性	5.3.20.2	6.4.5	△	△	目视、功能检查
	单控制装置对多动作进行控制	5.3.20.3	6.4.5	△	△	功能检查

续上表

检验项目	检验内容	技术要求	试验方法	出厂检验	型式检验	备注
安全保护措施及要求	多控制装置对单一动作的控制	5.3.20.4	6.4.5	△	△	功能检查
	控制装置配备、安装位置要求	5.3.20.5	6.4.5	△☆	△	功能检查
	打开、关闭及折叠操作对控制器的要求	5.3.20.6	6.4.5	△	△	功能检查
	双手、双脚控制	5.3.20.7	6.4.5	△		目视、功能检查
可靠性试验		5.4	6.5		△	
尾板标志		8.2		△☆	△	目视
注:"△"表示由制造商或检测机构实施的检验项目;"☆"表示由安装人员实施的出厂检验项目。						

条文释义

本标准用列项的方式逐条提出了出厂检验和型式检验对应的检验项目、检验内容、技术要求、试验方法,对配置检查、功能性检查等项目予以备注,并且明确了哪些是由制造商或检测机构实施的检验项目,哪些是由安装人员实施的出厂检验项目,使标准条理更加清晰。

标准条文

7.2 出厂检验

按表2-2(注:标准原表号为表2)规定的项目对每台尾板实施检验,检验合格并附有产品质量合格证方可出厂及交付用户。

条文释义

为了保证出厂产品符合产品质量要求,达到有关技术标准和用户规定的要求,本标准规定了车用起重尾板制造厂应对每台尾板实施检验,检验合格并附有产品质量合格证方可出厂及交付用户。出厂检验也称例行检验,每台出厂销售的车用起重尾板均应进行检验并留有记录,这是产品出厂后出现问题时检查的依据,是产品质量内外审查必查的项目,也是产品质量档案的基础数据。如本标准7.1条款所述,为确保尾板有效安装使用,出厂检验特别对尾板安装后整车出厂检验作了规定。

标准条文

7.3 型式检验

7.3.1 凡属下列情况之一时,应该进行型式检验:

a) 新产品试制定型鉴定时；

b) 老产品转厂生产的试制和定型时；

c) 产品结构有重大改变时；

d) 主要零件材料或加工工艺有重大改变，对产品性能有较大影响时；

e) 产量每达到 15000 台时；

f) 国家质量监督机构提出进行型式试验要求时。

7.3.2 型式检验时，如果是属于 7.3.1 中 c)、d) 情况时，可仅对受影响的项目进行检验。

本部分分两条分别规定了什么情况下进行型式检验，以及在不同情况下进行型式检验时应检验的项目。型式检验是依据产品标准，由质量技术监督部门或相应有资质的检验机构对产品各项指标进行的抽样全面检验，检验项目为技术要求中规定的所有项目。

7.3.1 条款中规定了 6 类情况下需要进行型式检验。一是新产品试制定型鉴定时，也就是车用起重尾板的任何新产品均应进行型式检验，这是行业的要求。二是老产品转厂生产的试制和定型时，对于企业来说即使是老产品，由于转到其他厂或企业生产，由于各种条件的变化，也会使制造的产品质量不稳定，仍需进行型式检验，以证明产品制造能力的保持。三是产品结构有重大改变时，这种情况与产品的技术改进相关，需要针对性地进行型式检验。四是主要零件材料或加工工艺有重大改变，对产品性能有较大影响时，这种情况一般影响产品质量较少，型式检验也是有针对性地进行。五是产量每达到 15000 台时，这种情况下制造的产品与原定型产品的一致性不容易保持，仍需要进行型式检验。六是国家质量监督机构提出进行型式检验要求时，国家质量监督机构会根据情况按需提出进行型式试验的要求，此时应当进行型式检验。

7.3.2 条款就需要型式检验的特殊情况给出了试验对应的条款，更便于标准实施。对属于 c)、d) 情况时，可仅对受影响的项目进行检验。

另外，为了减轻车用起重尾板制造企业型式检验的时间成本和经济成本，与旧版标准相比将产量每达到 10000 台时进行型式检验改为产量每达到 15000 台时进行型式检验。

第八节　关于“8　使用信息”的释义

“8　使用信息”主要是针对尾板产品的使用特性提出，从尾板的标志和说明书两个方面规定了尾板出库、安装和使用时,应该提供给相关人员作为行动指南或参考的重要信息。

标准条文

8 使用信息

8.1 一般要求

8.1.1 使用信息包括文本、文字、标记、信号、符号及图表等,单独或联合使用的形式,向产品的安装人员或使用者传递信息。使用信息是产品设计的组成部分,是产品完整性不可或缺的内容。

8.1.2 使用信息中应写明非正常使用的风险(如举升除操作人员以外的其他人员,尤其是残障人士),以及挤压、剪切、跌落或滚落等固有风险。

条文释义

本条款规定了向尾板安装人员和使用者提供使用信息的目的、意义及其表现形式。尾板产品使用信息中还应明确非正常使用的风险,以特别提示相关人员有效规避风险。

标准条文

8.2 尾板标志

8.2.1 平台上的禁止操作人员行走或站立的区域应清晰标记。危险作业区域以及正确的作业位置和防范措施应提供醒目、清晰的标志。该信息同时应通过安全标签、使用说明书等方式提供。

条文释义

本条款的要求可以提示尾板使用者如何安全使用尾板,尾板生产企业在其产品和使用说明书中均需对相关内容予以充分体现。

标准条文

8.2.2 控制器的操纵指示符号或文字应清晰、永久,并与操纵目标一致。

条文释义

控制器上的操纵指示符号或文字如果不清晰、永久,可能会导致尾板操作者操作失误,带来危险。操纵指示符号与操纵目标如果不一致,会直接导致误操作,给工作人员或他人带来伤害,因此尾板生产企业在产品设计时应重点管控。

标准条文

8.2.3 产品铭牌应永久固定在尾板上。产品铭牌应清晰、持久,并至少包含以下信息：

——制造商的名称和地址；

——型号；

——生产日期、序列号；

——电压；

——额定载荷。

条文释义

产品铭牌是指产品投放市场后，固定在产品上向用户提供厂家商标识别、品牌区分、产品参数铭记等信息的铭牌，主要用来记载生产厂家及额定工作情况下的一些技术数据，以供正确使用而不致损坏设备。对于尾板产品，其最关键的信息为制造商的名称和地址、型号、生产日期、序列号、电压和额定载荷，制造商提供的产品铭牌应清晰、持久，并至少包含上述信息。

标准条文

8.2.4　如果最大载荷取决于负载在平台上的位置，则应在主控制器所在位置能看见的地方，永久安装清晰的图示、图表，以标明平台上每个位置允许的最大载荷。

条文释义

尾板的额定载荷是在使用者对尾板所加载货物的质心位于质心点时，尾板所能承受的载荷。通常情况下，使用者在装载时比较随意，且由于装载货物的质心离尾板承载平台靠近车辆后部边缘越远，尾板所能承受的载荷就越低，此时为了保证货物和工作人员安全，应有明显的标记且便于提示操作者观察尾板加载是否正确。

标准条文

8.3　说明书

尾板说明书应符合 GB/T 19678.1—2018 的规定。

条文释义

目前我国的车用起重尾板产品有两种安装方式：一种为车辆出厂时已经安装完成；另一种是在车辆出厂以后，由用户按照车辆生产企业明确的可选装尾板型号购置，由获得授权的机构进行安装。因此，为保证安装人员和使用人员可以正确地安装和使用尾板，须同时提供安装说明书和使用说明书。《说明书的编制　构成、内容和表示方法　第1部分：通则和详细要求》（GB/T 19678.1—2018）规定了设计和编写各类说明书的一般原则和详细要求。

8.3.1 安装说明书

安装说明书应包含必要的安装安全信息,随产品提供。安装说明书应包含但不限于以下内容:

——电线的最小截面积(由安装人员提供时);

——螺栓、铆钉及尾板与车辆之间的其他固定件的最小直径和等级(由安装人员提供时);

——螺纹紧固件的拧紧力矩;

——推荐的液压油;

——机械、电气和液压系统的说明和图纸;

——有关系统压力调整的信息;

——车辆和尾板组合的稳定性:制造商应给出空载及承载尾板的质量和质心位置;

——检查5.3.17中规定的标志是有效的,必要时进行更换;

——在车辆上进行安装的流程;

——控制器的固定位置[见图2-33和图2-34(注:标准原图号为B.1和B.2)];

——安装前、后的检验流程(见附录C的要求);

——尾板安全标志的位置;

——工作照明装置的安装。

条文释义

安装说明书,主要提供给尾板安装人员使用,标准根据国内尾板生产企业长期的安装经验,结合欧洲标准《尾板 安装在轮式车辆上的平台式升降装置 安全要求 第1部分:载货尾板》(EN 1756—1)的相关要求,对安装说明书所必须包含的内容进行了规定,生产企业可以结合自己的产品进行适当的增加,但不应缺少上述各项内容。

8.3.2 使用说明书

尾板使用说明书应符合GB/T 9969的规定,应包括但不限于以下内容:

——尾板用途的范围和限制;

——尾板的结构、操作原理及操作方法;

——安全装置的说明;

——每天对所有的安全和警告装置、安全标签的完好性和有效性进行检查的提示,及出现缺陷时处理方法的建议;

——要求操作人员的作业位置应有良好的视野,可以观察工作区、货物和危险区域;

——有关工作区域和危险区域的信息,以及货物在平台上的放置和分布要求;

——建议用户在进行产品检查或维护之前,对平台进行安全、可靠地固定,防止掉落;

——定期检查包括所有安全装置是否完好和有效,明确检查的方法和频次,以及需要采取的纠正措施;

——特殊检查,包括发生重大零部件更换或修理之后的测试(见附录C);

——包括功能失效、液压泄漏、安全装置故障等在内的主要故障现象及解决方案;

——包括润滑、液压油补充或更换、有缺陷软管或电缆更换等在内的维护项目的频次,以及建议使用的润滑油(脂)、液压油型号、规格;

——必要的电气接线图和液压连接图。

条文释义

使用说明书,主要提供给尾板使用人员使用,标准从用户角度出发,考虑实际使用中可能会遇到的问题,结合欧洲标准《尾板　安装在轮式车辆上的平台式升降装置　安全要求　第1部分:载货尾板》(EN 1756—1)的相关要求,对使用说明书所必须包含的内容进行了规定,生产企业可以结合自己的产品进行适当的增加,但不应缺少上述各项内容。

第九节　关于"9　包装、运输、储存"的释义

"9　包装、运输、储存"为本产品标准的必要内容,是不可缺少的相应条款,从包装、运输和储存等三个方面规定了车用起重尾板成品出库、储存运输过程中应该注意的事项。

9　包装、运输、储存

9.1　应采取措施,防止运输过程中油箱中的液压油漏出、洒出。

9.2　包装应完好可靠,防止损坏、变形,以及表面碰伤、擦伤。

9.3　包装应考虑运输、装卸时的振动、冲击产生的影响,并保证搬运期间不得窜动。

条文释义

以上要求均为尾板产品在包装和运输环节的要求,是尾板在出厂发送给客户时需注意的事项。尾板成品具有液压系统和各种机械连接机构,部分零件属于易损件,因此在运输和装卸环节生产厂家应采取可靠的措施避免上述情况的发生。

标准条文

9.4 每台产品均应附带下列技术文件:

——产品合格证、质量保证单;

——安装说明书、使用说明书;

——装箱单。

条文释义

车用起重尾板出厂后均应带有产品合格证、质量保证单、安装说明书、使用说明书和装箱单。其中安装说明书和使用说明书应符合本标准第8章的相关要求。

标准条文

9.5 产品储存应注意防水、防尘、防潮。长期储存时应将油箱内的液压油排空。被拆卸的油管接头应加密封口盖。

条文释义

车用起重尾板有液压系统和金属件,因此在长期储存时应将油箱内的液压油排空,同时还应做好金属件的防腐工作。被拆卸的油管接头需加密封口盖,防止灰尘、异物等进入油管,影响日后正常使用。

第十节 关于“附录A 尾板的典型结构型式”的释义

本标准附录A是对本标准4.1条的详细阐述,主要从尾板型式和升降机构型式两方面对尾板典型结构型式进行了描述,并通过图形进行示例。

附录A 尾板的典型结构型式

A.1 升降机构典型结构

A.1.1 平行四边形

尾板由平行四边形机构构成,平台运动轨迹为圆弧(见图2-20、图2-21)(注:标准原图号为图A.1、图A.2)。

A.1.2 垂直升降

尾板包含一对滑动轨道,平台的支撑臂在其中滑动,通过绳索、链条牵引或油缸驱动方式上下运动(见图2-22)(注:标准原图号为图A.3)。

A.1.3 套筒式

尾板包含两节以上的伸缩套筒，一端与平台连接。套筒伸缩带动平台完成举升、下降运动(见图2-23)(注:标准原图号为图A.4)。

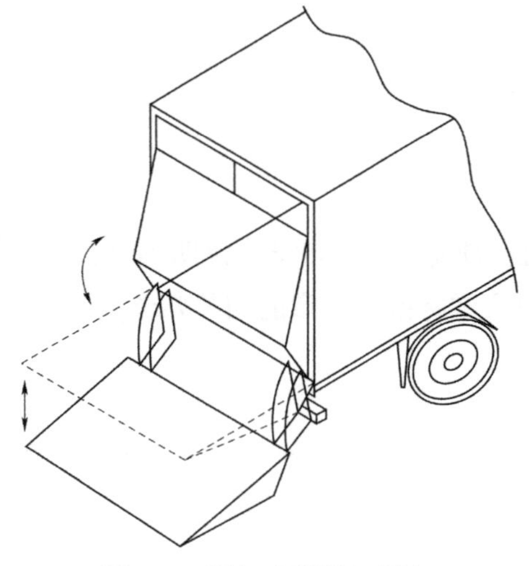

图2-20 平行四边形机构(外置)

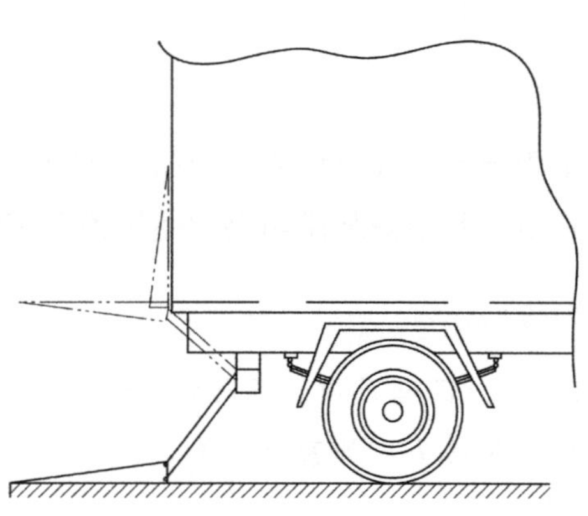

图2-21 平行四边形机构(外置)

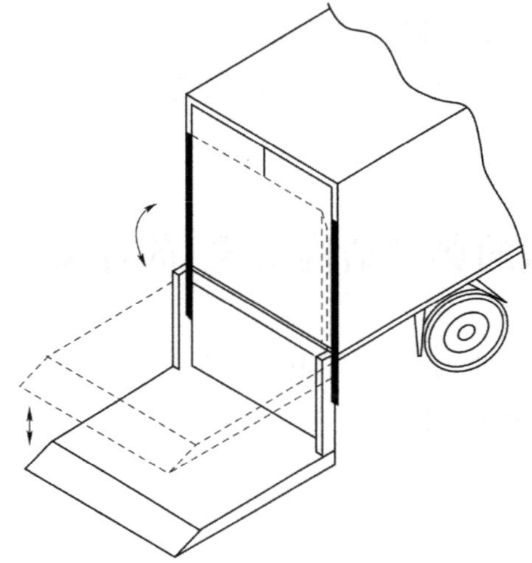

图2-22 垂直升降机构(外置)

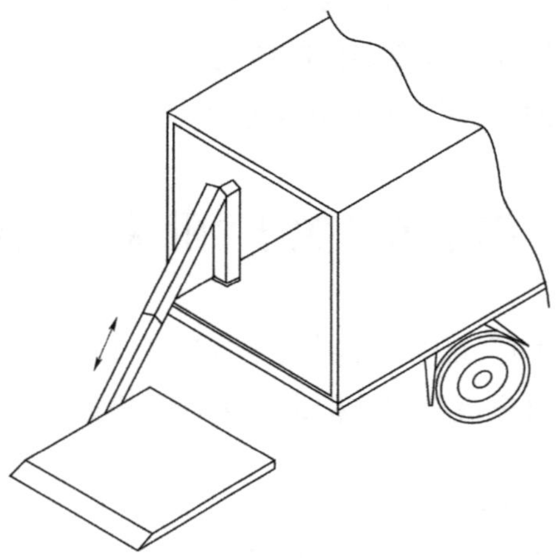

图2-23 套筒伸缩机构(内置)

条文释义

目前国内外尾板产品的升降机构主要分为三种型式:平行四边形式、垂直升降式和套筒式。目前国内应用最为普遍的是平行四边形式，相对于其余两种结构，此种结构的尾板适应性强，安装简单，对车辆的改动最小，同时也不会占用车厢内部空间。垂直升降式尾板与车型(厢体尺寸)的一一对应性较强，在车辆进行特殊的适配性设计后，安装也比较简单。相对于前两种结构，套筒式升降机构需放置在厢体内部，因此会占用车辆内部空间，同时所能承载的载荷也比较小，所以目前在国内的应用并不普遍。

A.2 型式

A.2.1 普通型

尾板的平台收起来时处于紧靠车厢的垂直位置。

条文释义

根据尾板闭合时所处的位置,尾板主要分为普通型、平台折叠型、滑动伸缩型、旋转型、门安装型、内嵌型、内置型七种。普通型是指尾板收起后紧靠车厢后门的尾板,此种尾板是目前市面上应用最为普遍的一种尾板。

A.2.1.1 全幅式

尾板平台的宽度与车厢宽度相当(见图2-24)(注:标准原图号为图A.5)。

A.2.1.2 半幅式

尾板平台的宽度明显小于车厢宽度(见图2-25)(注:标准原图号为图A.6)。

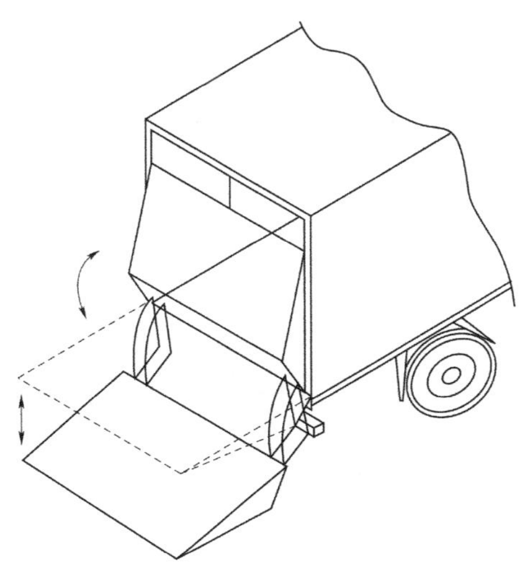

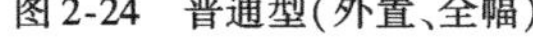

图2-24 普通型(外置、全幅)

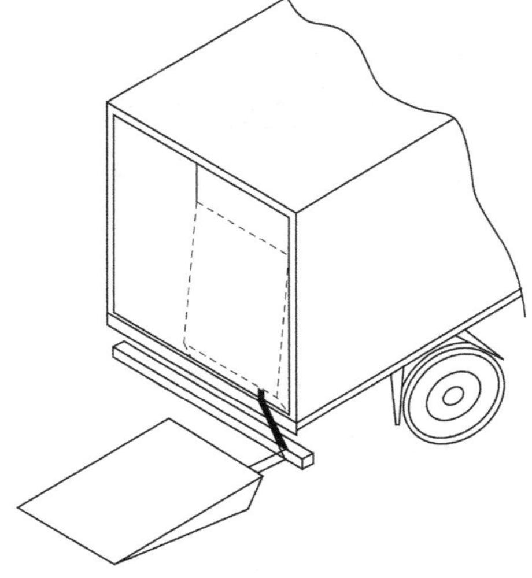

图2-25 普通型(外置、半幅)

条文释义

普通型尾板主要分为全幅式和半幅式两种,主要区别在于尾板承载平台的宽度,本标准中的半幅式并不是一半的意思,而是区别于全幅式的一种称谓。尾板承载平台的宽度与车厢宽度相当的即为全幅式,尾板承载平台的宽度明显小于车厢宽度的即为半幅式。在需要不用放下尾板,即可打开后门的应用领域,会采用半幅式尾板。

标准条文

A.2.2　平台折叠型

尾板的平台通过一次或两次折叠后收藏于车厢后下方(见图2-26)(注:标准原图号为图A.7)。

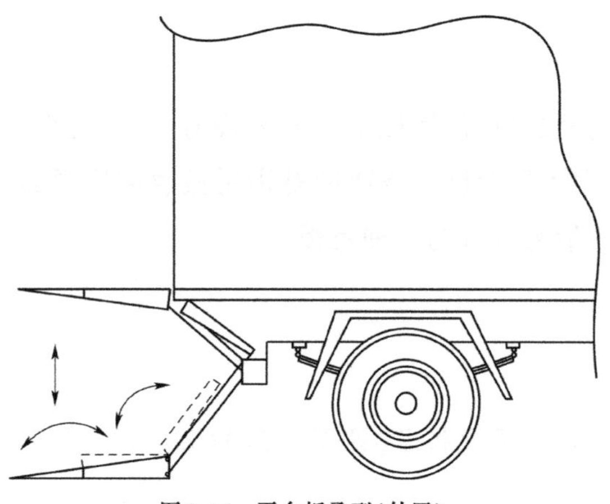

图2-26　平台折叠型(外置)

条文释义

相对于普通尾板,平台折叠型尾板有两个重要的特点:首先尾板的承载平台应可折叠;其次当尾板完全收起时,应放置于车厢的后下部。平台折叠型尾板与滑动伸缩型尾板的最大区别在于是否具有滑动伸缩功能。

标准条文

A.2.3　滑动伸缩型

尾板平台可折叠并通过滑动伸缩方式收藏于箱体后下方(见图2-27、图2-28)(注:标准原图号为图A.8和图A.9)。

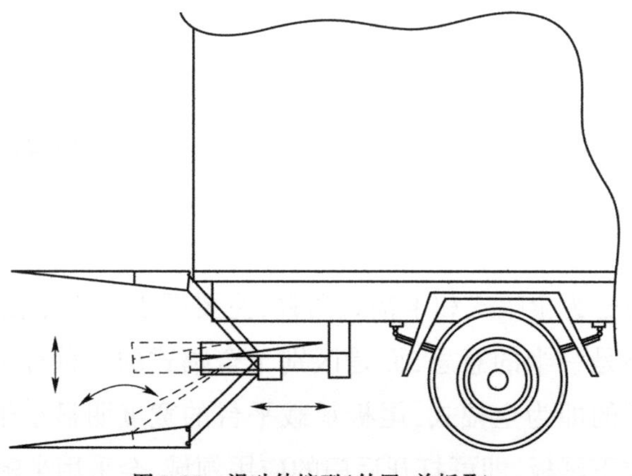

图2-27　滑动伸缩型(外置、单折叠)

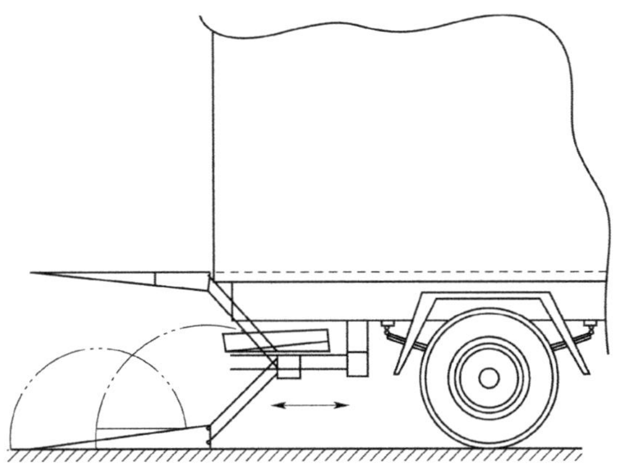

图 2-28 滑动伸缩型(外置、双折叠)

滑动伸缩型尾板同时具有平台折叠型尾板的两个重要特点,与平台折叠型尾板相比,多了滑动伸缩功能。滑动伸缩型尾板可以分为单折叠式和双折叠式。

标准条文

A.2.4 旋转型

尾板绕轴线旋转收藏于车厢内部或下部(见图 2-29、图 2-30)(注:标准原图号为图 A.10 和图 A.11)。

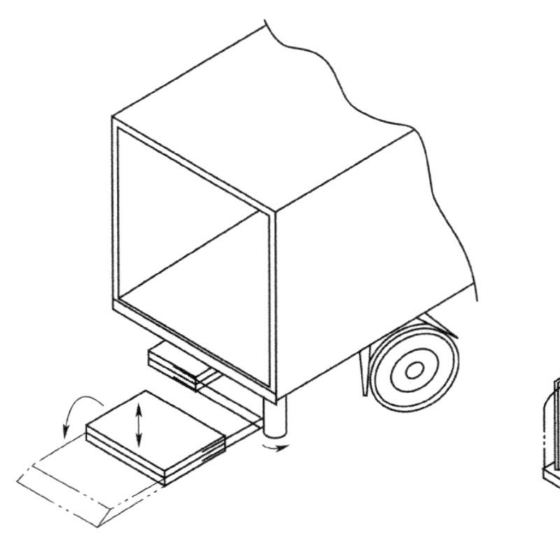

图 2-29 旋转型(外置)

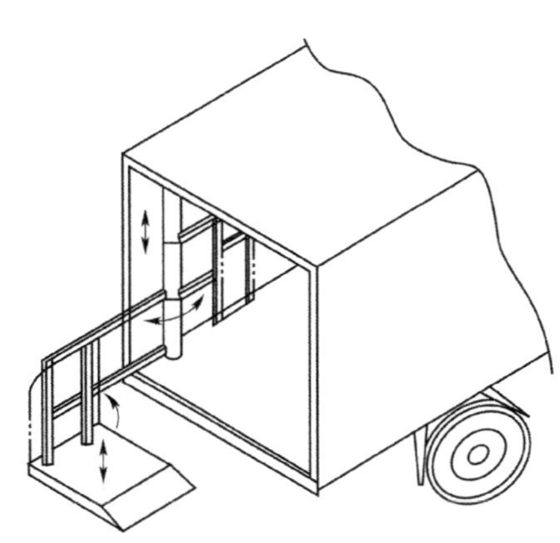

图 2-30 旋转型(内置)

条文释义

与普通尾板相比,旋转型尾板在收起状态时位于车厢内部和下部,且其收回动作是围绕旋转轴进行一次或多次 90°旋转实现。旋转型尾板的载货平台可具有折叠功能。

标准条文

A.2.5　门安装型

尾板安装在车厢的门上(见图 2-31)(注:标准原图号为图 A.12)。

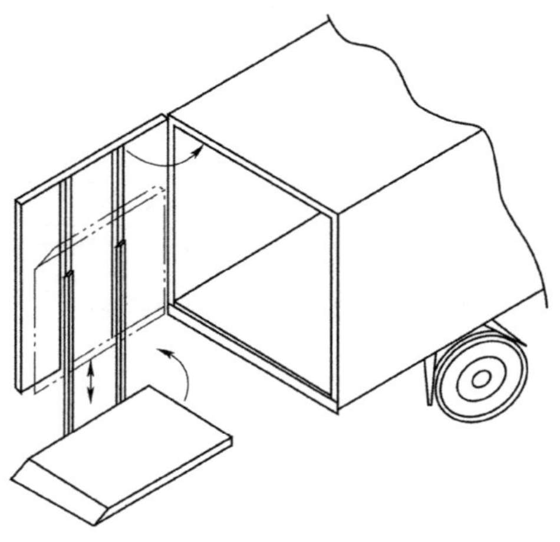

图 2-31　门安装型(内置)

条文释义

门安装型尾板采用垂直升降机构。该型尾板有两个重要特点:首先尾板的升降机构应位于门的内侧,其次尾板收起后也应位于车厢门的内侧。

标准条文

A.2.6　内嵌型

尾板的平台处于行进位置时,成为车厢地板的一部分(见图 2-32)(注:标准原图号为图 A.13)。

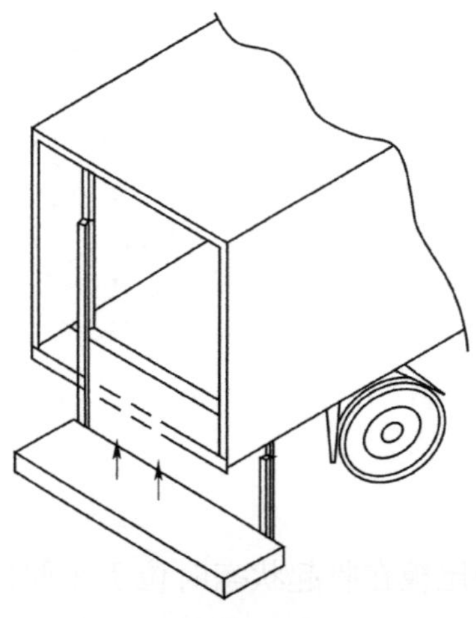

图 2-32　内嵌型

条文释义

内嵌型尾板与其他尾板最大的区别在于,处于收起状态时,尾板的承载平台需作为车厢地板的一部分。内嵌型尾板一般采用垂直升降机构。

A.2.7　内置型

尾板在行驶时完全位于车体内部,且在收起后车厢门才可以关闭(见图 2-23、图 2-30、图 2-31)(注:标准原图号为图 A.4、图 A.11 和图 A.12)。

条文释义

根据车辆行驶时尾板所处的位置可以将尾板分为外置式、内置式和内嵌式三种类型。

第十一节　关于“附录 B　挤压和剪切的防范”的释义

本标准附录 B 是对本标准 5.3.3 条的详细阐述,主要规定了控制器操作、足尖保护、安全切断装置等方面有关防范挤压和剪切的安全措施,并通过图形进行示例。

附录 B　挤压和剪切的防范

B.1　概述

本附录规定了防范挤压和剪切的方法,其他同等效果的方法也可以采用,为使保护措施更为有效,宜在平台或车厢上清晰地标记出作业位置。如无特别注明,本附录所有线性尺寸的单位为 mm。

条文释义

本条款对本标准附录 B 进行了总体介绍,并明确不排斥其他具有同等效果的防范挤压和剪切方法。标准建议在平台或车厢上清晰地标记出作业位置,以提示操作人员规避不合理操作,之所以未作出强制性要求,主要是因为尾板的结构型式有很多,有些尾板产品受结构限制无法严格按照标准的示例标记作业位置。

标准条文

B.2　操作要求

B.2.1　双手操作式

B.2.1.1　固定式控制器应设计成双手操作式,以避免操纵人员手被挤压和剪切。

条文释义

操作要求部分对双手操作和双脚操作均提出了要求，之所以限定必须双手操作和双脚操作是为了通过双确认的形式避免误操作，同时避免操作人员一手/脚操作，另一只手/脚处于尾板的运动范围以内，造成运动的尾板对人手/脚形成伤害。

标准条文

B.2.1.2　控制器应安装在保证操作人员双手安全，且能够方便地观察平台和货物的区域。控制盒中线距离车厢后边缘的距离 *L* 宜在 300～600mm 之间(见图 2-33)(注：标准原图号为图 B.1)。

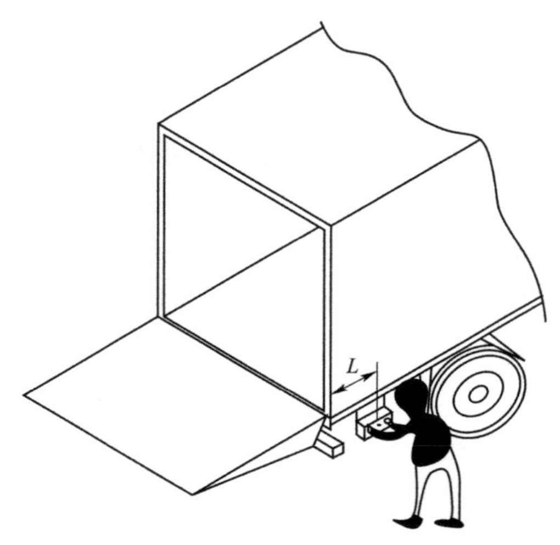

图 2-33　双手操作式控制器安装示例

条文释义

控制器的安装位置应考虑两点，保证操作人员双手、手臂、头部安全和方便操作人员观察平台和货物。距离 *L* 太小，容易对操作人员双手、手臂、头部造成挤压；距离 *L* 太大，不利于操作人员观察平台和货物情况。根据国内尾板企业的设计经验和欧洲标准，*L* 一般为 300～600mm。距离 *L* 之所以没有进行强制性要求，是因为不排除部分车辆结构和空间存在一定的限制，无法满足该尺寸，而要保证作业安全，专业规范的操作和高度集中的注意力更为关键。

标准条文

B.2.1.3　控制器应安装在车辆的右侧，以保证尾板操作人员位于路边一侧，避免受到过往车辆的伤害。

条文释义

除香港特别行政区外,我国的车辆均靠右侧行驶,车辆靠边停车作业时一般也靠近行进方向道路的右边,因此为保证作业时操作人员的安全,要求控制器安装在车辆的右侧,以保证尾板操作人员位于路边一侧,远离过往交通,避免受到过往车辆的伤害。

标准条文

B.2.2 双脚操作式

B.2.2.1 控制器应设计成双脚操作式,以避免脚部受到挤压和剪切。

条文释义

标准之所以限定控制器应设计为双脚操作是为了通过双确认的形式避免误操作,同时避免操作人员一脚操作,另一只脚处于尾板的运动范围以内,造成运动的尾板对人脚形成伤害。

标准条文

B.2.2.2 按钮距离平台和车厢之间的可能的挤压和剪切点应不少于250mm。双脚操作点的中心距应不小于250mm(见图2-34)(注:标准原图号为图B.2)。

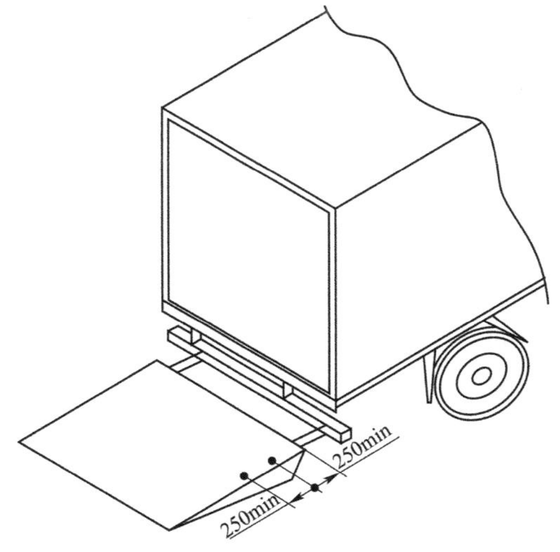

图2-34 双脚操作式控制器安装示例

条文释义

标准规定按钮距离可能的挤压和剪切点及双脚操作点的中心距均应不小于250mm。是结合人脚的尺寸综合考虑后确定的,规定与可能的挤压和剪切点的距离是为了避免挤压和剪切,规定操作点的中心距是为了避免两只脚互相干涉,造成误操作。

标准条文

B.3 足尖防护要求

B.3.1 只进行垂直运动的尾板,如果配备足尖保护,应满足以下要求:

a)平台的运动部件与车厢的固定部分之间水平方向空隙应不小于75mm。当该位置已经有足够的脚趾保护时(见图2-38~图2-41)(注:标准原图号为图B.6~图B.9),上述要求可以放宽;

b)具有向后部倾斜,与垂直方向的角度不超过30°的护板(见图2-35)(注:标准原图号为图B.3)。

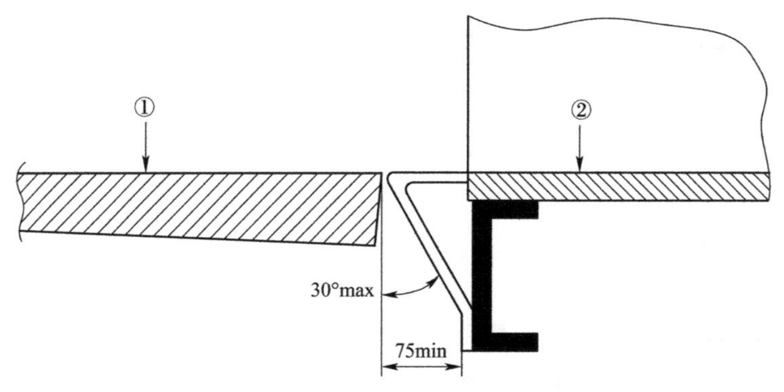

图2-35 足尖防护

①-尾板平台;②-车厢地板

条文释义

对于垂直运动的尾板(如垂直升降式尾板),在设计时要满足两点要求:首先,如果没有采取足够的足尖保护措施时(如安装铰链式足部保护装置和安全切断装置等),运动部件与车厢的固定部分之间水平方向空隙应不小于75mm;其次,应装备后部倾斜的护板,护板与垂直方向的角度不超过30°。

标准条文

B.3.2 具有平行四边形机构的尾板,在设置足尖保护装置时,应满足下列要求:

a)保护装置应采用弹性材料制作,以防止受到挤压和剪切;

b)提供一个护板,其后部斜边与车厢的夹角应不超过45°(见图2-36)(注:标准原图号为B.4);

c)尾板的平台与车厢地板后横梁之间,垂直间隙不大于35mm,水平方向的距离不小于80mm时,可视为具备了充分的挤压和剪切防护(见图2-37)(注:标准原图号为图B.5)。

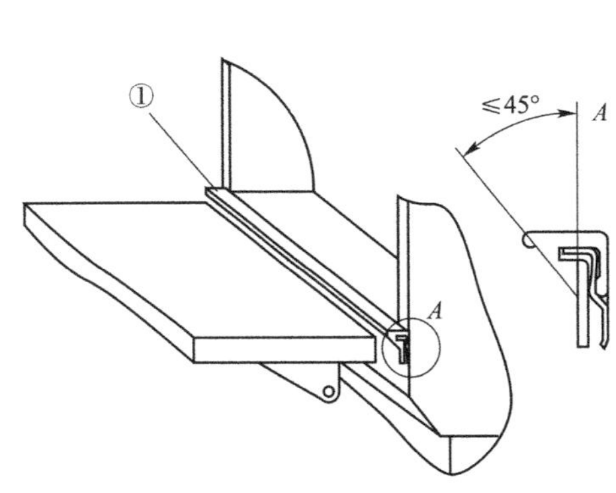

图 2-36 平行四边形机构的足尖防护

①-弹性材料

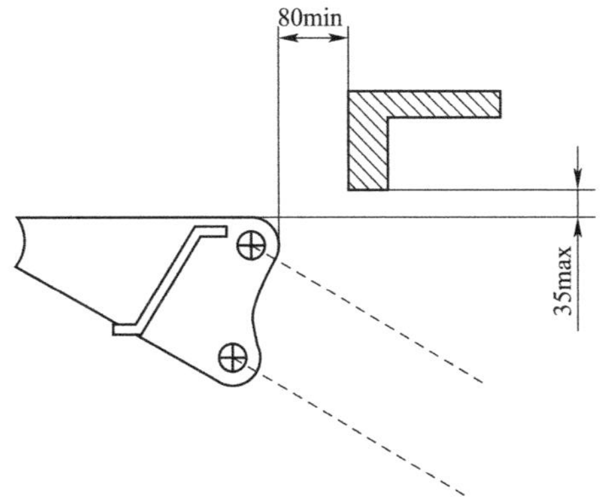

图 2-37 平行四边形机构的最小安全距离

条文释义

具有平行四边形机构(本标准附录 A A.1.1)的尾板,设置足尖保护装置时,在设计时要满足三点要求:首先,保护装置应采用弹性材料制作;其次应装备后部倾斜的护板,护板与垂直方向的角度不超过 45°;再次,尾板的平台与车厢地板后横梁之间,垂直间隙应不大于 35mm,水平方向的距离应不小于 80mm。

B.3.3 铰链式足部保护装置

B.3.3.1 尾板宜安装铰链式足部保护装置,铰链式足部保护装置可在平台接近车厢地板时,防止足部被夹住。该类型装置可以安装在平台上,也可安装在车厢地板上。

条文释义

铰链式足部保护装置可在平台接近车厢地板时,防止足部被夹住。一般有两种安装方式:安装在平台上或安装在车厢地板上。

标准条文

B.3.3.2 当铰链式足部保护装置安装在平台上时,应安装在平台靠近车厢地板的边缘。当平台移动至车厢地板下方时,该装置应处于基本垂直的状态,或者,当装置不在规定位置时,平台停止运动。当平台和车厢地板处于同一水平时,此保护装置应能够转动到水平位置。该装置的高度应不小于 85mm(见图 2-38)(注:标准原图号为图 B.6)。

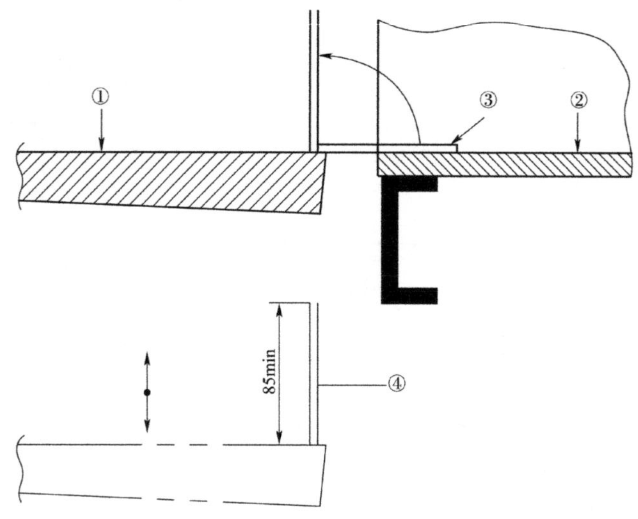

图 2-38　安装在平台上的铰链足部保护

①-平台；②-车厢地板；③-铰链式足部保护装置水平状态；④-铰链式足部保护装置垂直状态

条文释义

安装在平台上的铰链式足部保护装置，应安装在平台靠近车厢地板的一侧的边缘，且高度应不小于 85mm。在设计时应保证，当平台移动至车厢地板下方时，该装置处于稳定的垂直状态，或者当该装置不在规定位置时，平台应停止上升运动。当平台和车厢地板处于同一水平时，此保护装置应能够转动到水平位置。

标准条文

B.3.3.3　当铰链式足部保护装置安装在车厢地板上时，应安装在车厢地板靠近平台的边缘，保护装置应能随着安装位置转动，形成连接平台的搭板。如果操作人员的足部处于保护装置之下，此装置应能够顺利抬起。车厢固定部分与平台移动部分之间应保持最少 75mm 的水平空隙（见图 2-39）（注：标准原图号为图 B.7）。此保护装置可以作为平台与车厢地板之间的连接板。

条文释义

安装在车厢地板上的铰链式足部保护装置，应符合三点要求：首先，应安装在车厢地板后部边缘；其次，能随着安装位置转动，且具有一定的强度能形成连接平台的搭板；再次，车厢地板最后部与承载平台之间应保持最少 75mm 的水平空隙。

标准条文

B.3.4　安全切断装置

B.3.4.1　尾板宜安装安全切断装置，以保证平台在移动过程中，一旦遇到障碍可以自行停止运动(见图2-40、图2-41)(注:标准原图号为图B.8和图B.9)。该装置应能切断任何同方向的后续动作,直至障碍被移除。

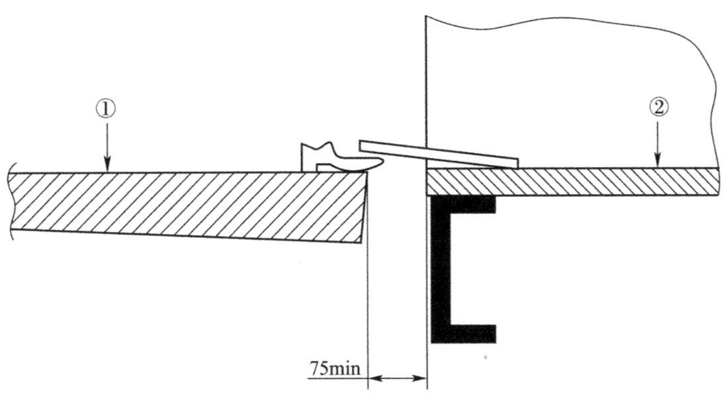

图2-39 安装在车厢地板上的铰链足部保护装置

①-平台;②-车厢地板

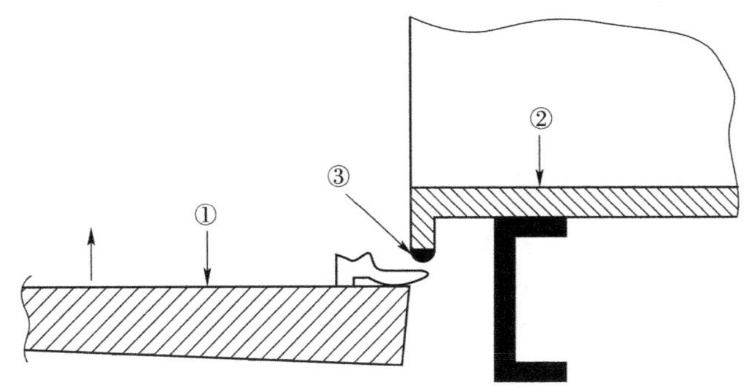

图2-40 垂直运动的安全切断装置

①-平台;②-车厢地板;③-切断装置

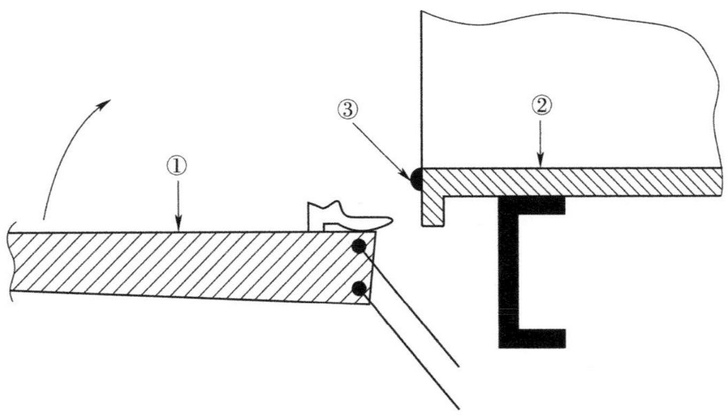

图2-41 弧形运动的安全切断装置

①-平台;②-车厢地板;③-切断装置

条文释义

安全切断装置主要工作原理是提前感知到即将发生的剪切危险,终止尾板任何同方向的后续动作,主要有触碰式和感应式两种。

标准条文

B.3.4.2　安全切断装置示例:

——示例1:机械触碰式;

——示例2:气动触碰式;

——示例3:光电感应式。

注:对于示例1和示例2,在开关触动后,接触杆或压力条边缘的自由行程应大于平台的停止距离。

条文释义

本条款列举了三种安全切断装置型式,其中触碰式两种(机械式和气动式)、感应式一种(光电感应式)。对于触碰式,因为已经发生了接触,如果触碰机构的行程不够,很可能会造成剪切伤害,所以标准规定开关触动后,接触杆或压力条边缘的自由行程应大于平台的停止距离。对于光电感应式,因为感知的比较早,则不需要做此规定。

标准条文

B.3.5　尾板宜参照(见图2-42)(注:标准原图号为图B.10)安装足尖自动保护装置以避免足部被夹。该装置应为永久固定式,且最低有效高度不低于85mm。

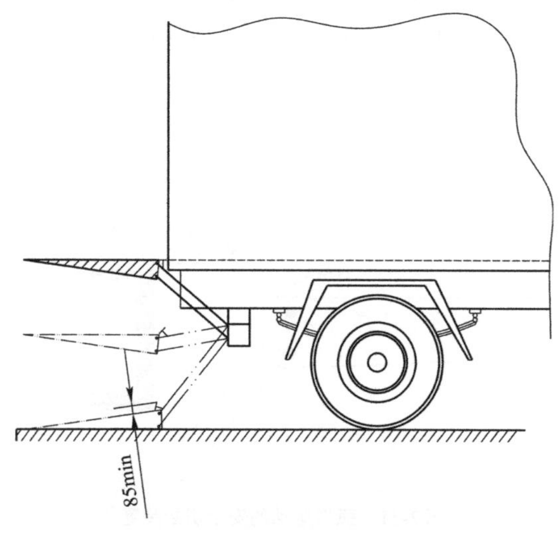

图2-42　足尖自动保护装置

条文释义

足尖自动保护装置安装于承载平台上表面,靠近车厢尾部底板一侧的外缘。该装置应为永久固定式,且最低有效高度不低于85mm。

标准条文

B.3.6 尾板宜指定安全工作区域,安全工作区域应清晰、永久地标识在平台和/或车厢地板上。安全区域应为边长不小于400mm矩形,且其距离平台与车厢接触边缘不小于250mm。标识应包括立足点及方框(见图2-43)(注:标准原图号为图B.11)。

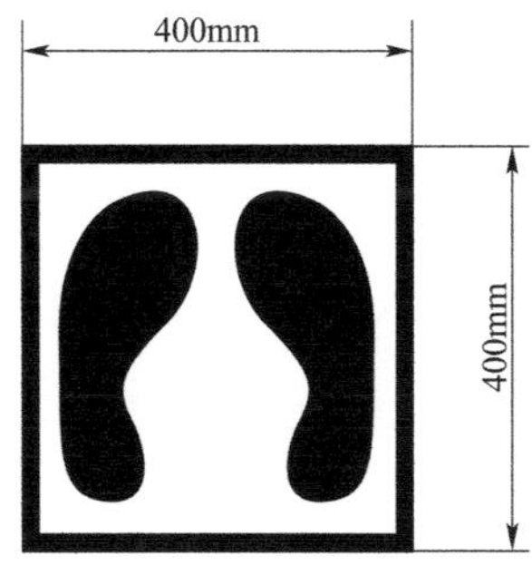

图2-43 指定安全工作区域

条文释义

为提醒作业人员安全工作区域,本条款规定了尾板安全工作区域的标识位置及安全区域的尺寸。需注意的是标识不仅包括立足点还包括方框。

标准条文

B.4 平台从高于车厢地板位置下降时,应提供额外的保护,以保证站在车厢地板上的操作人员的安全。

条文释义

本条款是对高空作业的补充安全要求,部分尾板的举升高度可能会超过车厢地板高度,此时尾板生产企业和用户应采取相应的保护措施,避免作业人员受到伤害。

标准条文

B.5 若平台闭合是非人力操作,则应采取必要的措施,降低手臂或头部被挤压和剪切风险。若采用安全切断装置,则在平台闭合时,此保护装置在距地面2000mm内应有效(见图2-44)(注:标准原图号为图B.12)。

条文释义

本条款的非人力操作是指尾板具有液压或电动等机构,通过操作控制器完成闭合动作,闭合速度相对较快,闭合力也比较大,若失去控制,会产生一定的风险。此时,为保证作业人员安全,应采取必要的措施(如适当增加控制器至危险区的距离、粘贴安全警示标识),降低在尾板闭合时对工作人员造成伤害的风险。此外,若尾板装备安全切断装置,应保证该装置在常人身高加手臂范围,即大致在距地面2000mm内的区域可以正常工作。

图 2-44　闭合时的切断装置

第十二节　关于"附录 C　安装人员应实施的检验"的释义

本标准附录 C 是尾板安装在车辆上之后，对装车状态的尾板提出的检验要求，该项检验应由尾板安装人员负责完成。

附录 C　安装人员应实施的检验

C.1　尾板与车辆的匹配性

安装人员应确认尾板与车辆的匹配性。包括电压、尺寸及安装位置等。

条文释义

安装人员在进行尾板安装时，首先应查看有关技术文件和车辆、尾板实际技术参数，以确认尾板与车辆的匹配性，尾板与车辆的匹配性包括但不限于电压、尺寸及安装位置。

C.2　外观、运行、安全防护、标志措施检验、验证

安装人员应按照表 2-2(注：标准原表号为表 2)的要求，对安装后尾板的外观、空载运行、负载运行、安全保护措施(带"☆"项目)、标志进行检验和验证，检验结果应符合表 2 的规定。

条文释义

尾板安装后，安装人员按照检验要求检验合格后才可交付给用户。检验项目应严格按照本标准 7.1 条款表 2-2 中的项目进行。

第十三节 《车用起重尾板》(QC/T 699—2019)第1号修改单(征求意见稿)

在标准实施过程中发现,各尾板制造企业产品型号编制规则各异,不能集中反映车用尾板的主要参数、性能指标,影响后期的普及推广。同时,车用尾板产品结构、型式多样,性能指标也依据使用场景的不同参数各异,没有统一的型式判定规则,极大地增加了生产企业的检验成本。

为促进尾板产品推广应用,切实减轻生产企业负担,推动尾板产品及相应车辆的快速上市,更好地促进物流行业和尾板市场的快速发展。全国汽车标准化技术委员会专用汽车分技术委员会启动了相关修改单的起草工作。

标准原起草单位成立了标准修订工作组,启动了标准修改单的编制工作。经过与尾板生产企业、物流配送车辆生产企业的沟通交流,形成了修改单的征求意见稿。征求意见时间为2020年3月24日—5月4日。本释义给出了修改单的征求意见稿及相关论据,最终内容以修改单的发布稿为准。

修改单内容如下:

1)4.1条由"尾板典型结构型式参见附录A"改为"尾板典型结构型式参见附录A,尾板型号编制规则参见附录D"。

主要原因:

为了便于尾板型号更好地识别,因此在标准中增加了尾板型号的编制规则。

2)增加7.4条:

车用起重尾板同一型式判定技术条件。

同时满足以下条件的车用起重尾板应视为同一型式:

a)生产企业相同;

b)升降机构结构、承载平台型式和主要材质相同;

c)额定载荷在同一区间内相同或减小(额定载荷划分为三个区间:小于等于600kg的为一个区间,大于600kg至小于等于1500kg的为一个区间,大于1500kg的为一个区间);

d)尾板最大举升高度相同或减小;

e)尾板承载平台宽度和/或深度尺寸相同或减小。

主要原因:

在国内外汽车产品检验环节,为科学合理地进行第三方监管,编写同一型式判定技术条件,精简产品型号,降低重复检验数量,缩减检验周期是一种通行的做法。标准起草组借鉴国外通行做法,在原标准的基础上增加型号编制规则和对应的同一型式判定技术条件。本条件共有5条,须同时满足5条要求方可被判定为同一型式。

(1)生产企业相同。规定生产企业相同是考虑到各个企业的产品所采用的技术路线、制造工艺均不相同,不具有可参照性。

(2)升降机构结构、承载平台型式和主要材质相同。升降机构是尾板的驱动系统,是尾板产品核心的部分,《车用起重尾板》(QC/T 699—2019)附录A将升降机构结构分为平行四边形式、垂直升降式和套筒式三种,不同结构的升降机构性能和技术原理差异巨大,不具备可比性,目前国内尾板升降机构均为钢制,故未对升降机构材质作出要求。尾板承载平台是尾板用于承载货物的部件,《车用起重尾板》(QC/T 699—2019)附录A将承载平台型式分为普通型、平台折叠型、滑动伸缩型、旋转型、门安装型、内嵌型、内置型7种,主要材质方面目前尾板承载平台主要分为钢制和铝合金制,近年来尾板生产企业为减轻尾板自重,也会采取钢铝混合的材质,因此为减少争议本标准规定只要承载平台主要材质相同即可。

(3)额定载荷在同一区间内相同或减少。额定载荷是尾板最为重要的技术参数,将额定载荷划分为三个区间:小于等于600kg的为一个区间,大于600kg至小于等于1500kg的为一个区间,大于1500kg为一个区间。此划分主要依据《车用起重尾板安装与使用技术要求》(GB/T 37706—2019)标准进行划分,该标准中规定N_1类车辆所配备尾板的额定载荷应小于等于600kg,N_2类车辆所配备尾板的额定载荷应大于600kg至小于等于1500kg,N_3类车辆所配备尾板的额定载荷应大于1500kg。

(4)尾板最大举升高度相同或减小。举升高度是车辆生产企业和物流企业在选用尾板时,非常重要的一个技术依据。举升高度越大,尾板驱动系统行程越大,相同结构下驱动系统工作状态越恶劣,因此对于相同结构的尾板,如果最大举升高度相对于被视同尾板相同或减小则可以视同。

(5)尾板承载平台宽度和/或深度尺寸相等或减小。平台宽度和/或深度尺寸是车辆生产企业和物流企业在选用尾板时,非常重要的一个技术依据。平台宽度和/或深度尺寸越大,尾板工作状态越恶劣,因此对于相同结构的尾板,如果平台宽度和/或深度尺寸相对于被视同尾板相同或减小则可以视同。

3)增加附录D。

D.1　车用起重尾板产品型号编制规则

D.1.1　型号命名说明

注:额定载荷代号为两位数,数据修约参照《数值修约规则与极限数值的表示和判定》(GB/T 8170—2008)中“四舍五入,奇进偶不进”的原则,例如:额定载荷为750kg代码为08,额定载荷为450kg代码为04。

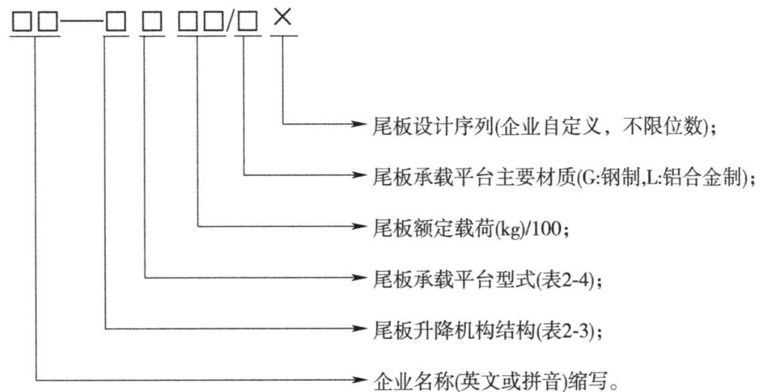

D.1.2 尾板升降机构结构见表2-3。

升降机构结构 表2-3

尾板升降机构结构	平行四边形式	垂直升降式	套筒式
代号	P	C	T

D.1.3 尾板承载平台型式见表2-4。

尾板承载平台型式 表2-4

尾板平台型式	普通型	平台折叠型	滑动伸缩型	旋转型	门安装型	内嵌型	内置型
代号	P	Z	S	X	M	Q	N

D.1.4 型号示例

凯卓立液压设备有限公司生产的额定载荷1.5t钢制平行四边形普通型(悬臂式)改进型液压起重尾板,其型号为:CD—PP15/GA (CD为企业英文缩写)。

主要原因:

在附录A中对尾板升降机构结构和尾板平台型式进行了划分,通过制定统一的型号编制规则,指导生产企业按照编号规则对自己的产品进行型号编制,不仅可以引导用户正确地购买和使用尾板产品,还可方便检测机构和相关主管部门进行管理。

本标准起草组结合尾板产品的特点,以尾板产品在使用环节最重要的技术指标(额定载荷)和特点(材质、结构、型式)为基础,借鉴汽车行业普遍采用的型号编制规则,编写了车用起重尾板产品型号编制规则。

升降机构结构和承载平台型式的分类均源自本标准的附录A,升降机构结构分为三种:平行四边形式、垂直升降式和套筒式,承载平台型式分为普通型、平台折叠型、滑动伸缩型、旋转型、门安装型、内嵌型、内置型七种。但《车用起重尾板安装与使用技术要求》(GB/T 37706—2019)中提到了悬臂式、摆动折叠式、滑动折叠式和垂直升降式四种尾板,与《车用起重尾板》(QC/T 699—2019)存在差异。原因在于《车用起重尾板》(QC/T 699—2019)作为产品标准分得更为细致,《车用起重尾板安装与使用技术要求》

(GB/T 37706—2019)重点考虑尾板的安装使用,分类宽泛一些。但在实际推广使用和检测环节,为便于理解,建议企业和检测机构在进行产品结构描述时同时标注出尾板产品在两个标准中的典型结构名称。

尾板材质方面,驱动系统为了保持强度目前国内均为钢制,承载平台材质方面目前主要有钢制、铝合金制两种,部分企业出于轻量化考虑,会同时选用钢铝两种材质,但其承重的关键部位依然是钢或者铝合金两种材质中的一个,因此型号编制规则中明确了材质部分仅考虑尾板承载平台的主要材质。

第三部分 《车用起重尾板安装与使用技术要求》(GB/T 37706—2019)释义

第一章 标准制定总体情况

第一节 标准的制定目的

一直以来,我国社会物流总费用占国内生产总值的比例一直居高不下,与欧美等发达国家和地区相比差距较大,尤其是运输成本、人力成本都较高,主要原因包括:托盘化运输单元以及机械化搬运设备的使用率低、车辆空驶现象较为突出等。

为了降低城市内物流配送成本,提高物流配送效率和规范治理交通秩序,交通运输部组织开展了高效城市物流配送的相关技术研究工作,制定了推荐性国家标准《城市物流配送汽车选型技术要求》(GB/T 29912—2013)。在该标准中,推荐、鼓励从事城市物流配送的汽车配备车用起重尾板。

车用起重尾板(以下简称尾板)是一种安装在车辆上,用于装、卸货物的举升装置。安装了尾板的车辆在装卸货物时可不受场地、设备限制,只需一人便可轻松完成货物装卸。尾板的使用有利于提高城市物流配送效率、节省人力成本、降低物流费用、减轻劳动强度,尾板是现代化物流运输的必选设备。

然而,多年来由于缺少尾板安装使用的国家标准,未对尾板安装后的尺寸、重量等方面给予必要的关注,货运业主从车厢空间利用率最大化、车辆购置成本等因素出发,多在车辆购买后加装尾板,涉嫌非法改装。非法加装尾板增加了车辆总长(车辆长度增加值超过300mm),导致加装尾板后的车辆与国家法规不符。此外,由于非法加装的尾板自重与几何尺寸没有进行严格限制,自重较大和尺寸超限的尾板加装到车辆之后,一定程度上改变了车身结构及强度、后下部防护、离去角和载荷分布等,加上不同车辆间纵梁尺寸不同,最终导致已定型的车辆在加装尾板后的安全性难以得到保证。此前我国发布了汽车行业标准《车用起重尾板》(QC/T 699—2004)以及交通运输行业标准《车用起重尾板加装与使用技术要求》(JT/T 962—2015),前者对尾板产品的自身设计生产品质予以规定，后者对尾板加装工艺及检验方式进行了要求，但没有充分考虑现行的技术与管理手段，也缺乏与之配套的相关行政管理办法。现阶段，尾板生产企业自愿开展的型式检验或质量认证较少，生产企业众多，品质参差不齐，其中也不乏不具备设计、制造、服务能力的小微企业或个体户自行拼装的尾板以及二手尾板流入市场，对车辆行驶及尾板使用安全带来了极大的潜在风险与危害。同时尾板加装有很大一部分是个体企业或个人所为，按照各自不同的作业方式直接进行加装，缺乏相关技术指导文件、工艺措施和产品检验，安装质量没有保障，这给有关部门的监督管理带来困难，并最终给消费者利益造成损失，总体来说两个标准的实施效果不尽如人意。

为了规范城市物流配送汽车的生产与使用管理，确保尾板安装与使用的科学合理、安全可靠，降低企业车辆购置与使用费用。2018 年 5 月 16 日，李克强总理在国务院常务会议中明确提出"制定货车加装尾板国家标准，完善管理"。鉴于尾板加装涉及车辆的性能参数改变，而各型号在用车辆技术性能不一，且车辆生产企业无法对已销售车辆尾板加装后的车架强度、整车性能等进行校核，再加上原有交通运输行业标准的实施效果一般，因此，本标准起草组经过研究讨论，建议将计划名称中的"尾板加装"改为"尾板安装"。主要原因一是"加装"一词表示尾板并非是在车辆设计过程中考虑的部件，而是在车辆设计生产后进行的加装，存在非法改装车辆的嫌疑；二是"安装"一词更能体现零部件安装的合规性，着重强调的是合法安装，是在车辆设计上规定的允许安装相关零部件的行为。此外，加装多是未经许可的后期车辆改装行为，所装的零部件品质不一，且车辆设计过程中未综合考虑加装零部件对车辆原有系统的影响，可能会对车辆自身造成安全隐患，这也不是规范行业健康有序发展所倡导的行为。

为了鼓励尾板的安装使用，参照国外发达国家的通行做法，在国家强制性标准《汽车、挂车及汽车列车外廓尺寸、轴荷及质量限值》(GB 1589—2016)的附录 A 中规定"收起状态的水平长度不超过 300mm 的尾板"不在车辆长度测量范围，该条款对尾板的安装具有重要意义。车辆生产企业在明确可安装尾板的车辆型号及适配尾板规格的基础上，由货运业主在车辆注册登记前或者注册登记后，按照该国家标准进行尾板安装，经检验合格，依据配套行政管理办法，由车辆所有人向行政主管部门登记注册或者变更机动车行驶证、道路运输证，保证了尾板安装的灵活性。从而达到既规范尾板安装市场，又降低物流企业车辆购置费用的目的，并可保证尾板安装/使用的安全性，切实做到为物流行业降本增效作出贡献。

第二节　标准的编制原则

一、标准编制原则

本标准的制定，是根据《中华人民共和国标准化法》及相关法律、规章，按照《标准化

工作导则 第1部分:标准的结构和编写》(GB/T 1.1—2009)、《国家标准制定程序的阶段划分及代码》(GB/T 16733—1997)要求进行的。本标准起草组在编制过程中立足行业现状,吸收了先进技术,并遵循切实可行的原则,对标准进行了编制。

1. 立足行业

深入广大尾板生产、车辆生产与销售企业及物流企业一线,通过对各类尾板在各种不同车辆的选型、安装和使用的实际过程展开充分而深入的实地调研,梳理、分析了典型的前置条件、安装方法和使用需求,提出了尾板安装、使用的相关要求。

2. 吸收先进

在标准制定中对于所提出的技术要求、参数指标、测试方法,既立足于汽车及零部件行业技术发展实际,又充分研究未来发展趋势,同时积极借鉴国外相关技术标准,最大限度上对标国外先进技术,可显著提升尾板安装与检验的技术水平。

3. 切实可行

尾板安装、使用的相关技术要求是与作业中的实际操作紧密关联的,相关操作规范充分吸收了现有作业的相关适用要求,充分参考国外的规范化作业,确保相关要求在标准实施后的使用过程中能得到有效实施。此外,相关检验要求也与目前车辆综合性能检验、车辆安全性能检验的相关要求保持协调,有利于标准的施行。

二、关于标准范围

本标准主要是对车辆安装尾板活动及过程进行规范,包括车辆在注册登记前安装,以及车辆注册登记后对依照车辆生产企业设计规定要求的车辆,在车辆生产企业授权的专业机构进行尾板安装两种情况,其他类型的车辆(例如危化品运输车辆)在满足其特殊规定/要求的前提下,也可参照本标准执行。明确限定的两种情况均需要在车辆的技术文件中对可安装尾板车型的具体规格型号进行明确,未在车辆技术文件中明确可加装尾板的车辆,如安装尾板则认定为非法改装。同样,对尾板型号与车辆设计要求不符的安装作业,也认为是非法改装,推荐车辆在公安交通管理部门登记注册前进行尾板安装作业。车辆注册登记后安装尾板的作业则仍需依据本标准相关要求进行,并按照有关管理办法的要求,前往公安交通管理部门进行车辆信息的变更登记,营运车辆还需按照交通运输主管部门的要求,进行道路运输证变更登记。

第三节 标准的主要技术内容

本标准结构上包括前言、标准正文8个章节和3个附录。其中第4章~第7章为技术要求,包括尾板选型与车辆设计要求9个条款、安装技术要求4个条款、使用要求2个条款、检验要求3个条款,共计18个技术条款。

第1章“范围”规定了车用起重尾板(以下简称尾板)的选型与车辆相关设计要求、安装技术要求、使用要求以及检验。适用于注册登记前进行尾板安装的厢式货车、O_3和O_4类厢式挂车以及依照车辆生产企业设计规定及要求,由车辆生产企业或由其授权的单位在注册登记后进行尾板安装的上述车辆。

第2章“规范性引用文件”列举出标准中引用的7项技术标准,包括强制性国家标准6项、推荐性汽车行业标准1项。

第3章“术语和定义”有9个术语和定义。除“厢式货车”为其他标准中术语和定义的修改,其他“车用起重尾板”“尾板总质量”“尾板安装”“尾板闭合位置”“悬臂式尾板”“摆动折叠式尾板”“滑动折叠式尾板”“垂直升降式尾板”均为新提出术语。

第4章“尾板选型与车辆设计要求”包括对产品的技术要求、安装工艺要求、尾板最大起重质量、尾板总质量以及安装后车辆长度增加限值、尾板收起后的相关要求、挂车供电要求、防撞限位装置等9个条款。

第5章“安装技术要求”包括安装过程中的基本要求、液压和电控系统安装与布置要求、试验要求、标识的安装要求等方面技术内容。

第6章“尾板使用要求”包含尾板使用前检查要求和操作要求。

第7章“检验”是对照标准第4章、第5章和第6章的内容进行检验,分为检验类型及使用范围、检验项目、检验方法与要求等3部分。

附录A“车辆后部标志板、后部车身反光标识、警示标识、放大牌号布置区域示例”为资料性附录,给出了两种相关标志、标识及放大牌号的布置示例。

附录B“尾板承载曲线图与安全作业区域标识图示例”为资料性附录,给出了尾板生产企业需配备的尾板承载曲线图与安全作业区域标识图示例。

附录C“定期检验记录表”为资料性附录,给出了与强制性标准、法规中的相关检验要求保持一致及依据本标准提出的相关要求,车辆管理部门可依据该表对尾板进行定期检验和记录。

第二章 标 准 释 义

第一节 关于“1 范围”的释义

“1 范围”对本标准的主要内容和适用领域予以规定,明确了本标准的应用范围。

1 **范围**

本标准规定了车用起重尾板(以下简称尾板)的选型与车辆相关设计要求、安装技术要求、使用要求以及检验。

本标准适用于:

——注册登记前进行车用起重尾板安装的厢式货车、O_3和O_4类厢式挂车;

——依照车辆生产企业设计规定及要求,由车辆生产企业或由其授权的单位在注册登记后进行车用起重尾板安装的上述车辆。

条文释义

“范围”是标准的规范性一般要素,同时也是一个必备要素。每一项标准都应有该部分,同时应位于每项标准正文的起始位置,是标准的第1章。由于标准的相关规定是针对某一种或几种情况适用的,有一定的局限性,只有在规定的范围和特定的领域内才具有适用性。

本标准主要是针对车辆安装尾板相关活动进行规范,包括车辆在注册登记前进行的尾板安装和车辆注册登记后在生产企业授权的专业机构,按照车辆生产企业的设计规定与要求进行的尾板安装两种情况,其他类型的车辆(例如危化品运输车辆)在满足其特殊规定/要求的前提下,也可参照本标准执行。明确限定的两种情况均需要车辆生产企业在车辆的技术文件中对可安装尾板车型的具体规格型号进行明确,未在车辆技术文件中明确可安装尾板的车辆,如安装尾板,则视为非法改装。同时,在尾板安装过程中,需严格遵守本标准的要求,对尾板型号不符合车辆设计要求的安装作业,同样也视为非法改装。推荐车辆在公安管理部门登记注册前进行尾板安装作业,车辆注册登记后安装尾板的作业则仍需依据本标准进行安装,并配合有关管理办法,前往公安交通管理部门、交通运输管理部门进行相关车辆证照信息的变更登记。

交通运输部在2015年发布的《车用起重尾板加装与使用技术要求》(JT/T 962—2015)中的相关技术要求与本标准条款无明显冲突内容,且国家标准内容是结合最新技术发展的一个完善,建议在国家标准发布后,尾板安装按照国家标准中的相关规定执行。

本标准规定了车用起重尾板选型与车辆相关设计要求、安装技术要求、使用要求以及检验等方面的内容。尾板选型与车辆相关设计要求包含了车辆设计基本要求、选择的尾板产品要求以及车辆设计过程中对尾板安装工艺方面的相关要求等;尾板安装技术要求部分包含了安装基本要求、液压和电控系统安装与布置要求、试验要求和标识的安装要求等;尾板使用要求则包括尾板使用前检查要求、尾板操作要求等;检验则包括检验类型及适用范围、检验项目、检验方法与要求等。此外本标准还提供了资料性附录,用于指导尾板加装后的相关具体工作,提供了尾板承载曲线图与安全作业区域标识图,车辆后部标志板、后部车身反光标识、警示标识、放大牌号布置区域示例,定期检验记录表,以便规范尾板的安装与检验。

本标准的适用范围主要是厢式货车、O_3类厢式挂车、O_4类厢式挂车,主要原因包括:第一,厢式车作为城市物流配送的主力车型,是促进整个物流业降本增效的主力车型之一,且车辆本体已配备蓄电池,可直接并持续为尾板提供电力来源,大大降低设备投入成本及使用成本。第二,随着挂车租赁业务的开展,对于O_3、O_4类厢式挂车也存在一定的尾板安装需求[在欧美国家,挂车也允许安装尾板,同时《汽车、挂车及汽车列车外廓尺寸、轴荷及质量限值》(GB 1589—2016)中未限制挂车安装尾板],且挂车车体较大,有足够的空间加装蓄电池,因此,也将其纳入尾板加装范围,车辆生产企业可根据车辆结构、实际使用场所等来确定是否有必要推出安装起重尾板的车型。半挂车等车型安装尾板时,根据安装的方式可能需要重新布置相应电路,或对原有电路进行额外改造,在本标准正文中的相关条款也对其进行了要求。

危险品运输车、冷链运输车或其他类型车辆在安装起重尾板时,可根据车辆结构型式,参照标准中的相关条款进行安装与检验,还应满足相应强制性标准的要求。

第二节　关于“2　规范性引用文件”的释义

“2　规范性引用文件”主要是对在本标准中引用的相关国家、行业标准及其他法规、标准等文件进行说明。

2　规范性引用文件

下列文件对于本文件的应用是必不可少的。凡是注日期的引用文件,仅注日期的版本适用于本文件。凡是不注日期的引用文件,其最新版本(包括所有的修改单)适用于本文件。

GB 1589 汽车、挂车和汽车列车外廓尺寸、轴荷及质量限值

GB 4785 汽车及挂车外部照明和光信号装置的安装规定

GB 7258 机动车运行安全技术条件

GB 11567 汽车及挂车侧面和后下部防护要求

GB 19151 机动车用三角警告牌

GB 25990 车辆尾部标志板

QC/T 699 车用起重尾板

条文释义

“规范性引用文件”是规范性一般要素,同时也是一个可选要素。在标准编写过程中,经常需要在条文中重复标准的内容,有时需要编写的内容在现行其他标准中已经做了规定,并且这些规定也是适用于本标准的,因此可以重复其他标准中的内容,即不再抄录需要重复的具体内容,而是采用引用的方法进行处理。如果标准中有规范性引用的文件,则应以“规范性引用文件”为标题单独设为一章。

采用引用而非直接抄录的方法,可以避免标准间的不协调、避免标准篇幅过大以及避免抄录错误。根据引用性质的不同可以分为规范性引用和资料性引用。根据引用的方式可以分为注日期引用和不注日期引用。

注日期引用就是在引用时注明所引用文件的年号和版本号。凡是使用注日期引用的方式就是指明了所引用文件的版本,也就是所注日期版本的内容适用于本标准,该版本以后的修订版以及修改单都不适用本标准。对于提及了标准内容的具体条款号和不能确定是否能够接受引用文件将来的所有变化,应该使用注日期引用。

不注日期引用就是指在引用文件时不提及所引用文件的年号或版本号。凡是使用不注日期引用的方式,所引用文件无论以后如何更新,均是其最新版本。在标准中引用其他文件时,一般不推荐采用不注日期引用的方式,在以下两种情况下才可使用:

(1)规范引用时,可接受所引用文件将来所有的变化;

(2)资料引用时,不提及备用文件中的具体章、条、附录、图表的编号。

根据标准编写要求,引用文件应按照下列顺序进行排列:

(1)国家标准(含国家标准化指导性技术文件);

(2)行业标准;

(3)地方标准(仅适用地方标准的编写);

(4)国内有关文件;

(5)国际标准(含 ISO 标准、ISO/IEC 标准,IEC 标准);

(6)ISO、IEC 相关文件;

(7)其他国际标准以及其他国际有关文件。

根据标准研究编制工作的需要,按照以上原则将所有在标准中引用到的文件统一依顺序排列而形成规范性引用文件。

本标准引用了 6 项强制性国家标准、1 项汽车行业标准。这些标准的条文通过引用标准成为本标准的技术内容。相关标准均未注日期,考虑到所有标准都会被修订,目前相关标准的最新版本信息如下:

汽车、挂车及汽车列车外廓尺寸、轴荷及质量限值(GB 1589—2016);

汽车及挂车外部照明和光信号装置的安装规定(GB 4785—2019);

机动车运行安全技术条件(GB 7258—2017);

汽车及挂车侧面和后下部防护要求(GB 11567—2017);

机动车用三角警告牌(GB 19151—2003);

车辆尾部标志板(GB 25990—2010,2015 年发布第 1 号修改单);

车用起重尾板(QC/T 699—2019)。

因此标准使用者应特别注意相关引用标准的最新有效版本内容。

第三节　关于“3　术语和定义”的释义

“3　术语和定义”对本标准涉及的相关名词术语进行了定义,共 9 条内容。

3　术语和定义

GB 11567、GB/T 25990 和 QC/T 699 界定的以及下列术语和定义适用于本文件。

条文释义

“术语和定义”在非术语标准中属于可选要素,且以“术语和定义”为标题单独设立一章,并且在标准中是规范性技术要素。在标准中单独列出一章“术语和定义”,其目的就是必要时给标准使用者提供方便,如果没有这一章,就需要在标准正文中随着相关术语和定义的出现进行解释,这些内容混在标准中不易找到。如果将他们集中起来单独设为一章,并对每个“术语和定义”赋予条目和编号,则方便查找和标准的引用。术语和定义的表达形式和内容是相对固定的,形式就是“引导语 + 清单”,清单的内容只表达每条术语及其定义。“术语和定义”一章在表述时需要引导语,如果只有标准中界定的术语和定义适用时,应使用“下列术语和定义适用于本文件”;如果除了标准中界定的术语和定义外,其他文件中界定的术语和定义也适用时,需要使用“……界定的以及下列术语和定义适用于本文件”。

为便于对本部分标准内容的理解,对目前已经广泛适用的基础性定义和术语涉及的3个标准进行了引用。目前《汽车及挂车侧面和后下部防护要求》(GB 11567—2017)包括侧面防护装置、后下部防护装置、后下部防护等术语和定义;《车辆尾部标志板》(GB 25990—2010)包括标志板等相关术语和定义,《车用起重尾板》(QC/T 699—2019)包括额定载荷、平台垂直移动距离等13个术语和定义。对于本标准适用频次较高的车用起重尾板、尾板总质量、厢式货车、尾板安装、尾板闭合位置、悬臂式尾板、摆动折叠式尾板、滑动折叠式尾板、垂直升降式尾板等9个重要术语和定义进行了改写或专门定义,并注明了必要的标准出处。

3.1 车用起重尾板 tail lift for vehicle

安装在车辆上,用于装、卸货物的举升装置。该装置的必要组成部分包括:承载平台、驱动系统、支撑结构和控制器。

条文释义

该条款从功能和结构两方面定义了本标准涉及的车用起重尾板的内涵。首先明确了车用起重尾板的使用场所,即安装在车上,其功能是用于装、卸货物,且能够进行举升操作。其次给出了车用起重尾板的基本构成,必要组成部分包括承载平台、驱动系统、支撑结构和控制器。其中承载平台用于放置货物,驱动系统驱动承载平台进行运动,支撑结构是用于保证相关部件具备良好支撑强度的构件,控制器是用来控制驱动系统进行运动的部件。相关部件共同配合,实现尾板的预定功能,如图3-1所示。

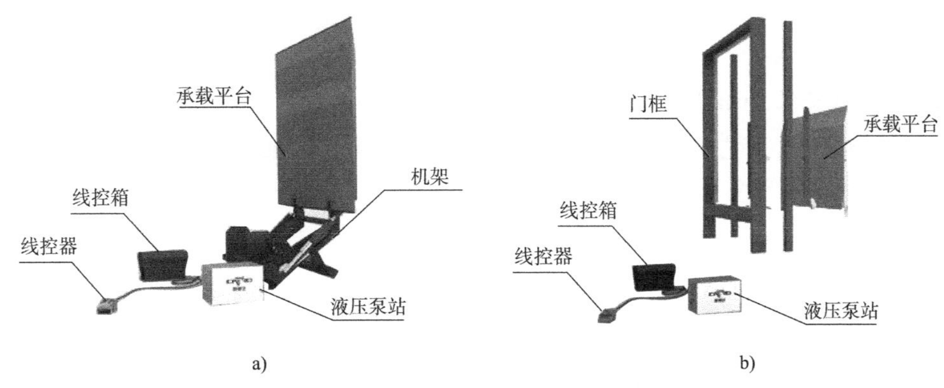

图3-1 车用起重尾板示意图

标准条文

3.2　尾板总质量 total mass of tail lift

包括尾板总成及相关零部件在内,保证尾板正常工作所需的安装到车辆上的零部件质量总和。

条文释义

尾板的总质量包括所有零部件的质量之和,包括管路、液压油等,在相关部件安装到车辆之后,按照要求接好电路,便可让尾板直接工作。该参数定义的提出,是为了便于车辆生产企业合理地进行尾板选型,优化车辆结构,同时也确保总质量能落到实处,并符合本标准的限值要求。

标准条文

3.3　厢式货车 cargo van

载货部位的车体结构为封闭厢体且与驾驶室(舱)各自独立的载货汽车。

注:改写 GB/T 29912—2013,定义 3.2。

条文释义

《专用汽车和专用挂车术语、代号和编制方法》(GB/T 17350—2009)中的 3.1.1 条款给出了厢式汽车、3.1.1.1 条款给出了厢式专用运输汽车的定义,为与之协调一致,既明确又不重复,该条款明确了货车的载货部位为封闭车厢,并且是独立驾驶室。与《城市物流配送汽车选型技术要求》(GB/T 29912—2013)的 3.2 条款“厢式货车”定义相比,仅是把货运汽车改为载货汽车,与营运货车的管理分类相协调。该车型为道路货物运输的主力车型,其载货的质量较大,且卸货地点常常不带货台,比较适宜安装起重尾板。

标准条文

3.4　尾板安装 installation of tail lift

按照车辆设计、工艺文件以及相关标准要求,将尾板及配套的部件装配、固定在车辆上的作业。

条文释义

尾板的安装需要依照相关技术文件,按照规范的流程和确定的方法进行,相关技术文件主要包括车辆的设计文件、工艺文件以及相关标准(企业标准)等。对于车辆设计文件中未确认允许安装尾板的车辆,如进行了尾板的安装,则认定为非法改装,主要原因是其改变了车辆的结构参数和性能,可能会对车辆本质安全产生影响。尾板安装作业时,需要按照技术要求和流程规范,将尾板及配套的部件进行装配,可靠地固定在车辆上,并开展相关测试工作,确保尾板安装的质量和使用效果。值得说明的是,整个安装工作除了尾板本身等四个方面的必要组成外,还包括有效使用所必需的有关后防护装置、车辆尾部标志板、标识等配套部件的正确安装。

3.5 尾板闭合位置 close position of tail lift

车辆在正常行驶状态时,承载平台处于稳固、安全的位置,见图3-2～图3-5[注:标准原图号为图1b)、图2b)、图3b)、图4b)]。

条文释义

闭合位置是尾板所处的一个收起状态,主要是车辆行驶时,为保证安全而确定好的安全固定位置。例如尾板安装时,需要布置相应的机械锁紧装置,防止承载平台在非人为操作时离开闭合位置,对后方人员及车辆行车安全带来影响,这是相应的辅助安全措施,不同类型尾板闭合位置如图3-2～图3-5所示。

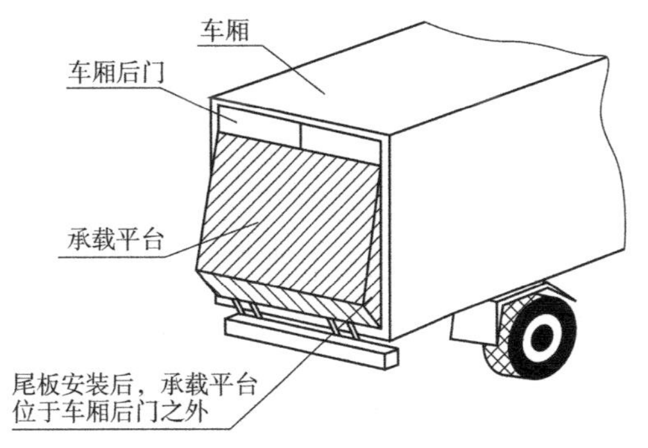

图3-2 悬臂式尾板闭合位置

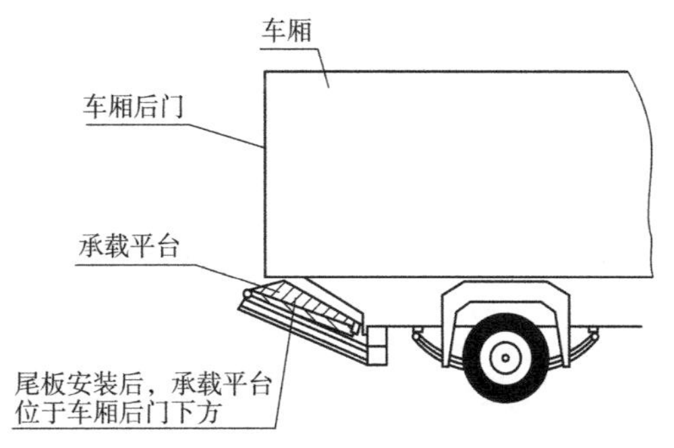

图3-3 摆动折叠式尾板闭合位置

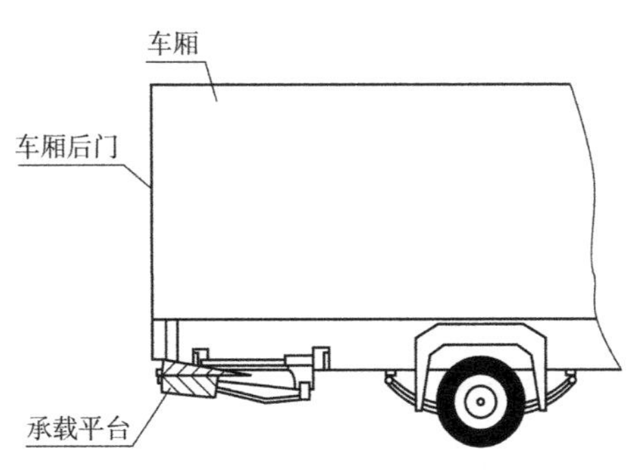

图3-4 滑动折叠式尾板闭合位置

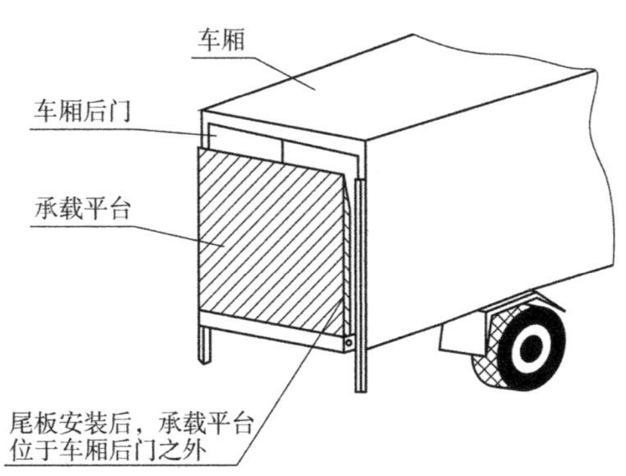

图3-5 垂直升降式尾板闭合位置

标准条文

3.6 悬臂式尾板 cantilever tail lift

支撑装置固定在车体后下部，整体式承载平台做上下运动或围绕支撑点（轴）转动，收起后承载平台紧贴车厢后门外侧或是构成车厢后门一部分的尾板（见图3-6）（注：标准原图号为图1）。

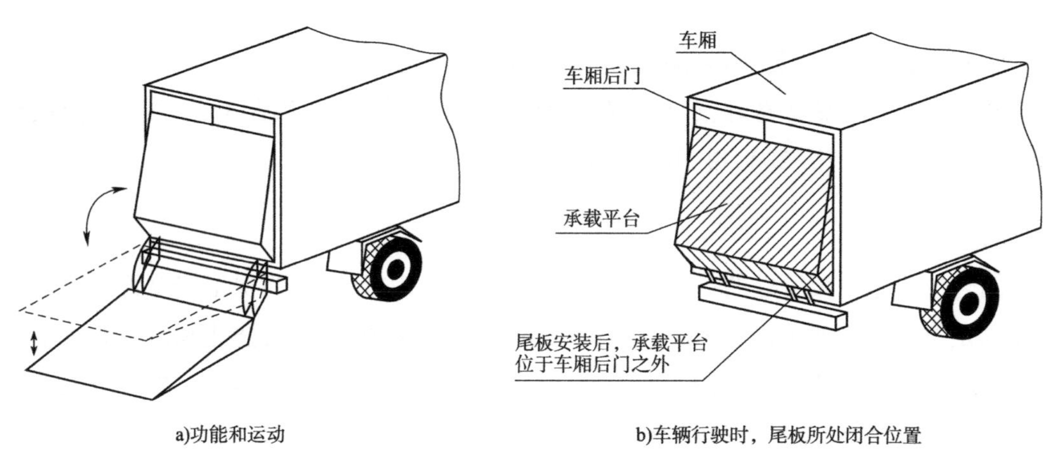

a)功能和运动　　b)车辆行驶时，尾板所处闭合位置

图3-6　悬臂式尾板示意图

条文释义

悬臂式尾板是目前国内尾板中使用最多的结构型式，其优点主要是结构简单，技术水平相对成熟。该类型尾板因结构原因，尾板收起后，承载平台位于车厢后部，会增加车辆长度［按照《汽车、挂车及汽车列车外廓尺寸、轴荷及质量限值》（GB 1589—2016）的规定，长度增加值不大于300mm时不计入车辆长度范围内］，因此，尾板生产企业应综合考虑相关的结构设计和尺寸，并保证尾板在安装过程中的尺寸可控，确保尾板安装后达到尾板最初设计目标，并符合相关标准的规定。

该类型尾板规格丰富多样、安装简单、应用范围广、承载能力较好，并可以作为车厢后门的一部分或者完全替代车厢后门。

标准条文

3.7 摆动折叠式尾板 tuck-away tail lift

承载平台为折叠结构，其支撑装置固定在车体后下部。折叠式承载平台展开后，做上下运动或围绕支撑点（轴）转动，收起后承载平台收藏于车厢底板下方空间的尾板（见图3-7）（注：标准原图号为图2）。

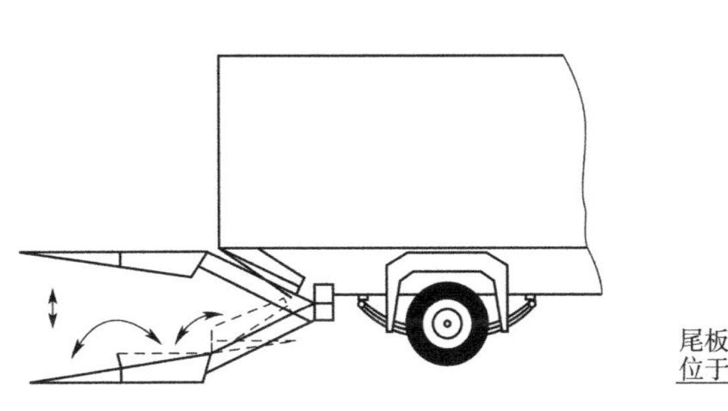
a)功能和运动

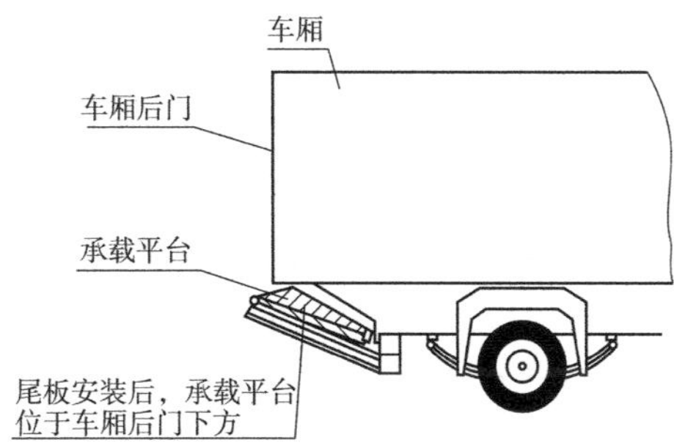

b)车辆行驶时，尾板所处闭合位置

图 3-7　摆动折叠式尾板示意图

条文释义

摆动折叠式尾板的特点是承载平台为折叠结构,承载平台闭合收起后,收藏于车厢底板下方空间,且收起后承载平台可能会伸出车厢后面。摆动折叠式尾板的应用场合灵活,其在收起状态时,不影响车厢开关门和车辆倒车操作,并方便与其他装卸工具(比如叉车、装卸月台等)的衔接。摆动折叠式尾板与滑动折叠式尾板的差别在于,其相关机构在收起、展开操作时,无水平滑动操作。

此类尾板一般适用于中小吨位的冷藏车和小型卡车。

3.8　滑动折叠式尾板 slide retractable tail lift

具有一组水平安装的滑动轨道,承载平台为单折叠或双折叠式结构型式,其支撑装置固定在车体后下部,举升装置与承载平台可沿轨道滑动至车厢尾部,收起后承载平台整体收纳在车厢底板下方空间的尾板(见图 3-8)(注:标准原图号为图 3)。

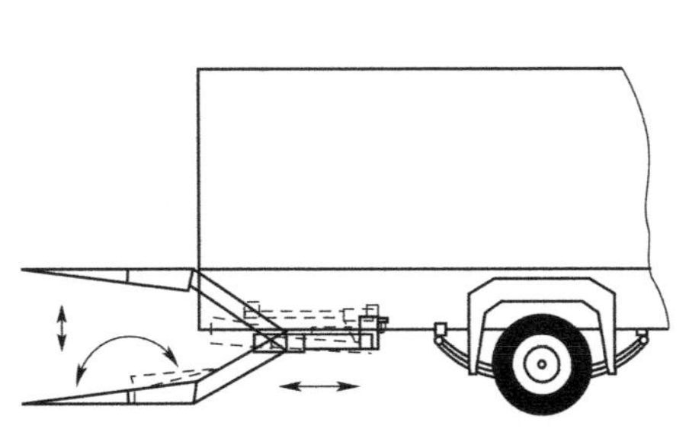
a)功能和运动

车厢
车厢后门
承载平台

b)车辆行驶时，尾板所处闭合位置

图 3-8　滑动折叠式尾板示意图

条文释义

滑动折叠式尾板的特点是尾板结构中有一组水平安装的滑动轨道,使用时,先沿轨道将尾板推出,然后再将承载平台展开。这类尾板承载平台闭合收起后,收藏于车厢底板下方空间,且收起后承载平台不超出车厢。

滑动折叠式尾板使用场合与摆动折叠式尾板类似,是属于两种不同的结构型式,更适用于大中型车辆。

3.9　垂直升降式尾板 column tail lift

具有一组垂向安装的轨道,支撑装置固定在车体后下部,承载平台水平展开后,沿安装在车厢后部的垂直轨道上下运动,收起后承载平台紧靠车厢后门外侧或是构成车厢后门一部分的尾板(见图 3-9)(注:标准原图号为图 4)。

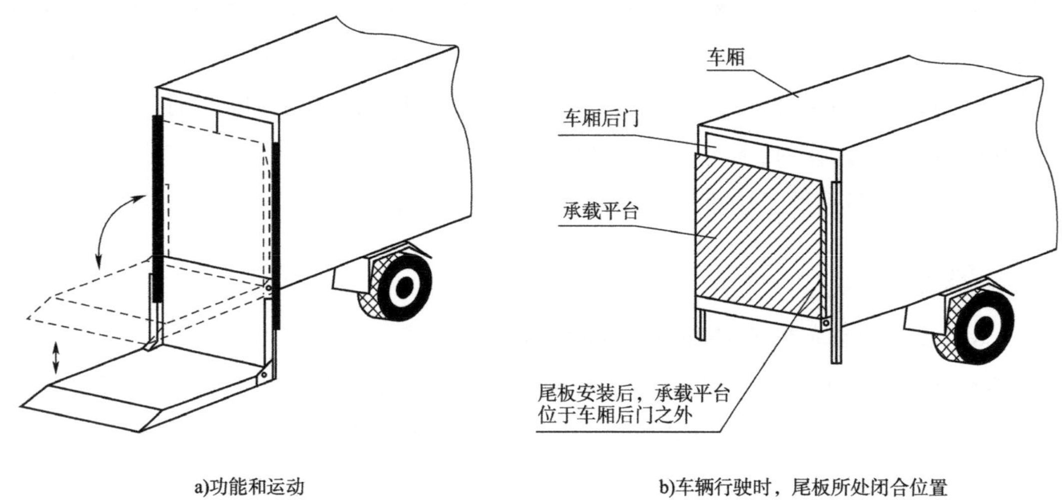

图 3-9　垂直升降式尾板示意图

条文释义

垂直升降式尾板包括一组位于车厢后部垂向安装的轨道,用于承载平台沿着轨道上下移动,承载平台可通过钢丝绳索、链条牵引或油缸驱动方式上下运动。

垂直升降式尾板通常情况下,尾板是折叠固定在车厢的后部,并通过相应锁紧装置将其固定,确保车辆行驶中尾板的安全性。尾板在收起状态下,可以作为车厢后门的一部分,也可是单独的,倚靠在车厢门的外部。部分企业设计生产了车厢后门与尾板融为一体的结构型式,既可满足国家法规的要求,又有更好的外观整体效果。

第四节 关于“4 尾板选型与车辆设计要求”的释义

“4 尾板选型与车辆设计要求”主要介绍了车辆生产企业在车辆设计过程中,需要考虑的尾板相关参数,同时也从国家标准层面提出了车辆设计要求,主要包括产品技术要求、安装工艺要求、尾板最大起重质量、起重尾板自重以及安装后车辆长度增加限值、尾板收起后的相关要求,以及挂车供电要求、防撞限位装置要求等。

4 尾板选型与车辆设计

4.1 尾板应符合 QC/T 699 规定的技术要求,且通过具有尾板产品检测资质的第三方机构的型式检验,出厂检验合格。

条文释义

车辆管理部门、用户和制造商多年来一直将尾板产品及相关标准划入专用汽车行业。早在 2004 年就颁布实施了尾板的汽车行业标准《车用起重尾板》(QC/T 699—2004),目前该标准已修订,最新版本为 2019 版。该标准规定了尾板的型式及优选系列、技术要求与试验方法、检验规则、使用信息及包装、运载、储存等方面的相关要求,是指导尾板生产企业设计、生产和检验的主要技术文件之一。因此,尾板的选型首先应符合该标准的要求。

此外,尾板定型需要进行产品型式检验,检验报告需由具有产品检测资质的第三方出具,并检验合格。该要求是为了保证车辆上加装尾板产品的性能质量,避免加装不符合标准要求的尾板,同时也是为了限制二手尾板的安装,提高尾板使用中的可靠性,保证装卸货过程的作业安全。选装的尾板需要出厂合格,不合格的尾板安装到车辆上会产生安全隐患,应严格禁止。

标准条文

4.2 车辆生产企业应对可安装尾板的车型进行单独设计并予以标识,在技术文件中明确规定可选用的尾板类型和主要技术参数,并依据本标准要求提供尾板安装的工艺文件、检验要求。

条文释义

尾板的安装是有一定前提条件的,即车辆生产企业在车辆设计过程中已针对尾板安装对车辆的结构进行了一定的优化,部分结构有所加强,确保尾板安装不会对车体的强度产生较大影响而降低整车安全。其次,相关车型可安装的尾板规格型号和主要参数,需要由车辆生产企业根据车型的具体结构予以明确规定,必要时可依据相关管理规定在车辆新产品公告或公告变更中予以明确。而尾板必须满足《车用起重尾板》(QC/T 699—2019)的规定,车辆生产企业需要根据标准的相关要求提出具体型号尾板安装时的工艺要求、明确的质量检验要求等。如果车辆上配备了相关技术文件,且有尾板产品的型式检验报告或其他合规性证明,则视为可依据相关要求合法安装,通过该条款,也可明确起重尾板非法改装的责任主体。

标准条文

4.3　车辆最大允许总质量、尾板额定载荷与尾板总质量最大值间的对应关系等应符合表3-1(注:标准原表号为表1)的规定。尾板收起后,车辆纵向长度增加值应不超过300mm,且满足表3-1的要求。

车辆最大允许总质量与尾板额定载荷、尾板总质量及车辆长度增加值对应关系　表3-1

车辆分类	车辆最大允许总质量 G (kg)	尾板额定载荷 (kg)	尾板总质量最大值[a] (kg)	纵向长度增加最大值 (mm)
N_1	$G \leqslant 3500$	≤600	200	220
N_2	$3500 < G \leqslant 8000$	≤1000	350	280
	$8000 < G \leqslant 12000$	≤1500	450	300
N_3	$12000 < G \leqslant 31000$[b]	≤2000	550	300
O_3	$3500 < G \leqslant 10000$	≤1500	450	300
O_4	$G > 10000$	≤2000	550	300

[a] 滑动折叠式尾板总质量的最大值为限值的115%。

[b] 当驱动轴为每轴每侧双轮胎且装备空气悬架时,最大允许总质量上限值为32000kg。

条文释义

车辆最大允许总质量区间范围主要参考了《城市物流配送汽车选型技术要求》(GB/T 29912—2013)中的车辆质量区间划分,重新对其质量分段进行了整理,同时结合物流行业作业实际要求,增加了最大允许总质量在12000～31000kg的N_3类车辆以及O_3、O_4类厢式挂车。相关加装车型主要考虑到物流行业的实际情况,同时也参考了欧美国家和地区关于尾板加装车辆的实际情况。标准中的车辆最大允许总质量与尾板最大起重质量间的对应关系,主要参考了车辆的实际装载质量,同时保证尾板起重质量能有一定的余量,例如普通货车最大允许总质量小于等于31000kg的车型,其货厢的最大长度一般在9.6m左右,其装载质量在18000kg左右,按照托盘进行均布装载,尾板每次摆放2个托盘,单次装载质量接近2000kg,再加上货物装载位置靠近尾板承载平台内侧,实际承载能力更大,因此可以满足货物装载的实际需求。而对于半挂列车,一般情况下,其装卸站场有装卸平台,对于质量较大的货物,推荐在装货平台上,使用叉车等专用装卸工具进行装卸,尾板只是作为辅助装卸设备,因此,在尾板额定载荷限值上,仍限制为2000kg,避免尾板自重过大,影响车辆的实际使用效率。

对于驱动轴为每轴每侧双轮胎且装备空气悬架的车辆,表中车辆最大允许总质量上限值与《汽车、挂车及汽车列车外廓尺寸、轴荷及质量限值》(GB 1589—2016)保持一致,为32000kg。

起重尾板自重限值主要是在目前尾板自重调研的基础上,充分考虑了国内外现有尾板产品情况,经过网上资料查阅与现场实测总结,结合尾板设计及未来尾板轻量化发展趋势确定的相关限值。

滑动折叠式尾板由于其结构较普通尾板复杂,需要有更多的运动机构,因此其自重限值相应放宽至普通尾板自重限值的115%。

从统计来看,相关尾板自重限值较铝合金制承载平台的质量有所提升,但较钢制承载平台的质量有所降低,主要是起重尾板的承载平台板面长度较长,另外,选用的钢材也是低碳钢,整体自重较重。现阶段高强度钢的使用已经较为广泛,可通过选用新材料、优化设计,以满足标准要求。此外,针对尾板自重限值进一步降低的问题,现阶段虽然铝合金制承载平台使用比例还不高,但增长速度很快,在未来标准修订过程中,结合新材料在尾板的实际使用情况,可对限值进行适度调整。

尾板安装后可能会增加车辆长度尺寸,而长度尺寸增加过大不利于车辆的行驶安全,为此表3-1中对长度增加值进行限制。尾板加装后纵向长度变化值是指从车辆后门/尺寸边界测量的尾板收起后的厚度,300mm的限值也是根据《汽车、挂车及汽车列车外廓尺寸、轴荷及质量限值》(GB 1589—2016)附录中对尾板检查长度不计入车辆总长要求提出的,是为了使尾板安装后不需要变更机动车行驶证。220mm和280mm也是通过调研得出的可满足尾板加装的实际值,同时也是为了防止尾板最大起重质量出现大吨小标的情况。

调研与分析表明,尾板生产企业通过技术优化及严格的安装工艺控制可以满足该限值。本条款中规定,尾板收起后,车辆纵向长度增加值应不超过300mm;对应后悬长度应符合《汽车、挂车及汽车列车外廓尺寸、轴荷及质量限值》(GB 1589—2016)的规定。同时也是综合考虑到需要符合我国现行有关车辆分类管理的法规和标准要求,使本标准与相应的法律、法规、标准相协调。

如果企业确有需要,安装超出表中规定范围的尾板(如尾板额定载荷、纵向长度增加值),则需要车辆生产企业重新申报公告,且车辆纵向长度增加值计入车辆长度,尾板质量需计入车辆整备质量。

标准条文

4.4　车辆生产企业的车辆设计及尾板选型应保证在尾板处于闭合位置时满足下列要求：

a) 车辆的轴荷、最大允许总质量限值符合 GB 1589 的规定，空载、满载时各轴轴荷分配满足 GB 7258 的要求，车辆宽度、高度符合 GB 1589 的规定及产品设计要求；

b) 车辆后下部防护装置以及配备的侧面防护装置应符合 GB 11567 的规定；

c) 车辆的后部照明和信号装置等应符合 GB 4785 的规定，且不应影响号牌的视认性；

d) 承载平台对车辆尾部产生遮挡时，应在承载平台的可视面设置符合 GB 25990 规定的车辆尾部标志板；

e) 车辆的后部车身反光标识应符合 GB 7258 的规定，必要时可将反光标识布置在承载平台可视面上；

f) 具有防止承载平台自动下落和/或自动打开而离开闭合位置的机械锁紧装置；

g) 不应影响车辆放大牌号的可视性，必要时可在承载平台可视面设置放大号。

条文释义

该条款是车辆生产企业在设计尾板安装时，必须考虑的相关要求。

车辆的轴荷、最大允许总质量限值符合《汽车、挂车及汽车列车外廓尺寸、轴荷及质量限值》(GB 1589—2016)的规定，空载、满载时各轴轴荷分配满足《机动车运行安全技术条件》(GB 7258—2017)的要求，车辆宽度、高度符合《汽车、挂车及汽车列车外廓尺寸、轴荷及质量限值》(GB 1589—2016)的规定及产品设计要求。这是为了保证行车安全和货物装卸安全的需要，相关技术文件编写过程中需予以充分考虑，并明确。

尾板收起状态下，车辆后下部防护装置以及配备的侧面防护装置需要符合《汽车及挂车侧面和后下部防护要求》(GB 11567—2017)的要求。主要原因是车辆后下部防护装置的相关要求是车辆必须遵守的强制性标准，即使安装尾板后，其后下部防护装置的强度也不得降低。而由于小型或微型货车侧面可能未配备独立的防护装置，但满足《汽车及挂车侧面和后下部防护要求》(GB 11567—2017)的豁免要求，如配备了侧面防护装置的车辆，在对侧防护装置改动后，侧面防护装置的强度仍需要满足《汽车及挂车侧面和后下部防护要求》(GB 11567—2017)要求。

尾板收起状态下，车辆的后部照明和信号装置等应符合《汽车及挂车外部照明和光信号装置的安装规定》(GB 4785—2019)的规定，这是为了保证行车安全的需要，可对后方车辆起到明确的提示作用，且为方便公安机关交通管理部门行政执法，不应影响号牌的视认性。

车辆后部车身反光标识通常安装在车厢后部最外缘,可对后车起到警示作用。建议尾板的宽度低于车身宽度,以方便车辆后部的反光标识能够正常显示,必要时,可将反光标识布置在承载平台可视面上,但需要注意的是,尾板装卸货时,承载平台背面与地面会有所接触,应避免反光标识与地面的摩擦,若有损坏应及时更换。

尾部标志板是由具有高回复反射系数的反光膜或搭配荧光膜附在具有一定强度的基材上(如铝合金板)制成的标志板,通过锚固的方式安装在车辆的尾部,其寿命等同于车牌。在《车辆尾部标志板》(GB 25990—2010)中,与载货车辆相关的尾部标志板共分4类:1类重型车辆标志板,2类长型车辆标志板,3类重型车辆标志板,4类长型车辆标志板,如图3-10所示。其中1类重型车辆标志板和3类重型车辆标志板适用于载货汽车,2类长型车辆标志板和4类长型车辆标志板适用于挂车。

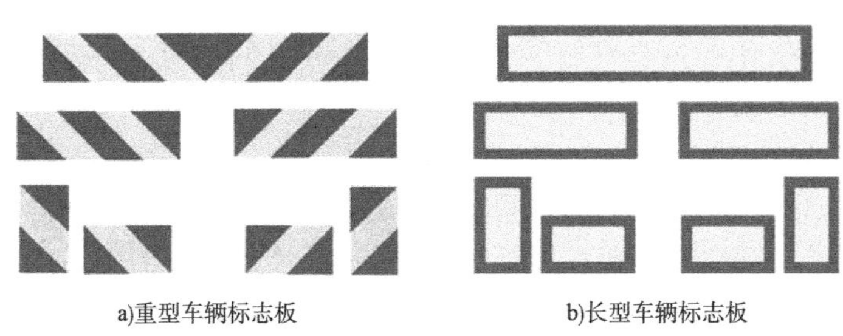

a)重型车辆标志板　　b)长型车辆标志板

图3-10　车辆标志板

按照《机动车运行安全技术条件》(GB 7258—2017)以及《车辆尾部标志板》(GB 25990—2010)对尾板标志板的安装要求,车辆最大允许总质量大于12000kg的货车、车长大于8.0m的挂车及所有最大设计车速小于等于40km/h的汽车和挂车必须安装尾部标志板。不满足上述要求的车辆,在承载平台对车辆尾部产生遮挡时,可视情安装尾板标志板。

标志板的安装,需要按照《车辆尾部标志板》(GB 25990—2010)规定的尺寸(面积)进行安装,两侧同时布置时,需要做到形状成对布置。标志板的布置位置应由车辆生产企业根据尾板的规格型号进行确定。

机械锁紧装置是一种在尾板处于闭合位置时,车辆停放或行驶过程中,防止承载平台意外地自动下落和/或打开而离开闭合位置,危及后方人员及车辆行车安全的重要安全装置。锁紧装置的强度及安装位置由车辆生产企业与尾板生产企业共同确定。

车辆放大牌号是属于车辆管理的相关规定,按照国家标准《机动车运行安全技术条件》(GB 7258—2017)4.7.4条款的规定,每辆已登记注册的总质量大于或等于4500kg的货车、总质量大于3500kg的挂车,均需在车辆尾部喷涂符合标准规定的放大牌号。由于尾板结构型式的特点,悬臂式尾板和垂直式尾板会对车厢后部产生遮挡,在尾板安装后,车厢后部没有位置可供喷印或粘贴车辆放大号牌,因此,该情况下可在承载平台可视面设置放大牌号。

摆动折叠式尾板和滑动折叠式尾板不会遮挡车厢后部,故不会对放大号的设置产生影响。

标准条文

4.5 车辆生产企业在尾板选型和车辆设计时,还应至少满足以下要求:

a)规定尾板在车辆上的安装位置、方式和主要尺寸等;

b)设计满足强度要求的机械连接结构;

c)尾板工作电压与车辆自身蓄电池/外部电源提供的额定电压、容量相匹配;

d)车辆正常行驶过程中,尾板始终处于强制闭合状态,并能防止误操作打开尾板;

e)明确尾板液压及电气系统的管路、线路、总成和元件的安装、固定方法、走向、位置以及必要的防护措施等。

条文释义

该条款规定了车辆生产企业在尾板选型、安装设计过程中需考虑的主要因素。

尾板选型和车辆设计时,需要规定尾板可在车辆纵梁或相关结构的具体哪个位置上进行安装,同时也要确定相关安装方式,尤其是针对机械连接机构的型式,需要对机械强度进行设计、确认等。相关尺寸要求是为了能够让车辆生产企业与尾板安装企业共同协商、确定和执行,一方面是为了按要求明确尾板类型及关键参数,另一方面也可让车辆生产企业在车架总体设计时给予充分的综合考量,充分体现联合设计的新理念。

尾板供电电压、容量同样需要车辆生产企业与尾板生产企业共同确定,尤其是随着电动货车的发展,其可供提供的电压种类较多,因此该部分要求尤为重要。目前大部分车辆生产企业使用一组或两组 12V 的蓄电池,尾板在设计时已经充分考虑到各种常用的电压值,采用相应的电气元件,或使用宽电压设计,提高尾板的适用性。

此外,需要设计相应的结构,使得车辆行驶过程中,尾板始终处于强制闭合状态,并有防止误操作尾板的相关结构,保证行车过程中尾板不会自动打开或脱落。在相关技术文件中还要规定尾板液压及电气系统的管路、线路、总成和元件的安装、固定方法、走向、位置以及必要的防护措施,提供管路在实际安装过程中需要遵循的操作要求,以便技术文件内容充分、合理有效,可操作性强,能够更好地指导尾板安装作业。

标准条文

4.6 O_3类、O_4类厢式挂车在尾板安装设计时可采用牵引车自带蓄电池、挂车自带蓄电池或车辆外部供电等方式供电,且满足以下要求:

a)采用牵引车自带蓄电池对尾板进行供电的,应使用快速拆卸、防误接的电缆连接件和螺旋伸缩电缆;

b)采用外接电源对尾板进行供电的,应使用快速拆卸、防误接的电缆连接件,连接件正负极接线端子应标识清楚,且在非工作状态时,两端子应固定妥当,有效隔离;

c)采用挂车自带蓄电池对尾板进行供电的,应设置并安装专门用于放置蓄电池的支架,且满足下列要求:

1)应能保证车辆正常行驶过程中的蓄电池保持原位置不松动;

2)不应破坏挂车侧面防护装置和具有主要承载功能的纵梁、横梁;

3)可设计成作为侧防护装置的一部分。

条文释义

三种供电方式可根据车辆的具体情况进行灵活选装,其中使用牵引车自带蓄电池供电的,需要在牵引车停车后,将电缆连接件连接到牵引车的蓄电池上,并注意外部供电电压与尾板工作电压是否一致。相关部件应便于快速拆卸,同时电缆连接件需要有明确的标识,防止误接电源正负极。由于电缆在非工作状态时,需要进行收纳,因此标准中规定电缆是螺旋伸缩型的,便于收放。

采用外接电源对尾板进行供电的,需要使用快速拆卸、防误接的电缆,连接件正负极接线端子需要标识清楚,且在非工作状态时,两端子固定妥当,有效隔离。接线端子在非工作状态时,两端子需要固定妥当,不相互接触,主要是为了保证不影响行车安全;两端子不相互接触主要是为了避免行车过程中刚性金属件的碰撞引起短路等故障,影响正常工作。

采用挂车自带蓄电池对尾板进行供电的,需要安装设置专门用于放置蓄电池的支架,不能将蓄电池放在工具箱或其他非专用箱中。蓄电池支架的设计,需要保证不破坏挂车侧面防护装置和具有主要承载功能的纵梁、横梁等构件强度,同时有蓄电池固定位置,可使蓄电池保持在原位不动。另外,按照《汽车及挂车侧面和后下部防护要求》(GB 11567—2017)的规定,该支架可成为侧防护装置的一部分,但需要注意蓄电池自身的安全防护。

标准条文

4.7 在保证车辆原有功能、性能的前提下,注册登记前进行尾板安装的车辆,宜采用尾板承载平台替代车辆后门的设计方案,垂直升降式尾板宜采用垂直轨道代替货厢后立柱的设计方案。

条文释义

推荐尾板承载平台替代车辆后门设计的主要原因是悬臂式尾板和垂直升降式尾板

的承载平台与车辆后门在投影上存在一定的重合,为了更好地利用尾板结构特点,充分发挥性能优势,提出了出厂前安装的尾板推荐采用尾板承载平台替代车辆后门设计。尾板的选型及其与车辆间连接方式的确定主要是考虑到尾板结构型式与车辆的适应性。对于已注册登记的车辆,尾板承载平台代替车辆后门结构的相关安装作业对车辆的改动较大,并可能因此改变车辆某些性能指标,因此不允许已注册登记车辆进行类似安装作业。

垂直升降式尾板采用垂直导轨代替货厢后立柱与车辆连接的设计方案,也是基于现有国内外的相关前沿技术和设计理念,可将相关结构进行复用,既保证了车辆原有性能,又可实现车辆的轻量化。满足该要求的车辆需进行型式检验,确保车辆密封性、车体强度等指标符合相关国家标准/行业标准的要求。

标准条文

4.8　应设计防止承载平台与车厢后部产生碰撞的机械限位或电气限位或弹性限位装置。

条文释义

相关规定主要是为了确保位置的唯一性,并避免尾板与车辆后部结构发生碰撞,降低碰撞力度,防止导致尾板或车辆后部发生变形,还可降低车辆行驶噪声,并在一定程度上起到使用者安全防护的作用,确保使用过程更为安全,典型限位装置的布置如图3-11所示。近年来由于起重尾板操作不当,导致了一些生产事故,因此,相关限位装置的安装可在最大限度上避免事故的发生,尾板生产企业可根据产品实际情况提出相关设计与安装要求,并将其提供给车辆生产企业,共同做好安全防护。

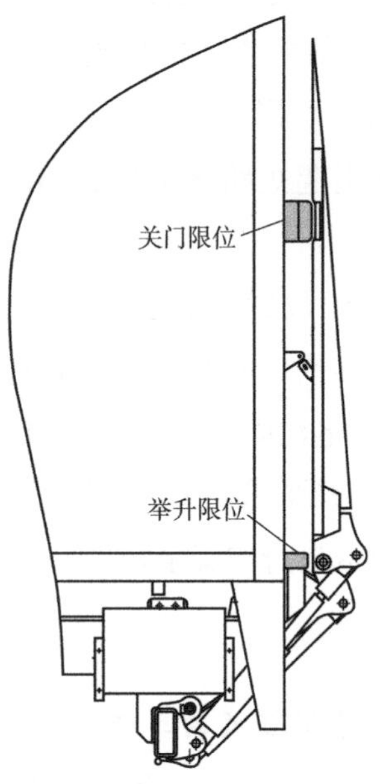

图3-11　限位装置

标准条文

4.9　危险货物运输车辆、冷链运输车或其他专业运输车辆尾板的选型与安装设计,还应满足相应标准的规定。

条文释义

由于许多危险货物运输车辆、冷链运输车或其他专业运输车辆,在实际使用过程中有安装尾板的需求,在制定相关技术文件时,除了满足本标准的相关要求外,还需要满足对应车型的专业标准、规范,提出特殊要求,如静电防护、密封性等。

只有在安装完尾板后,确认其各方面的性能质量都能满足危险货物运输车辆、冷链运输车或其他专业运输车辆的相关技术要求,方可有效使用。

第五节 关于“5 安装技术要求”的释义

“5 安装技术要求”主要是对安装过程中的基本要求、液压和电控系统安装与布置要求、试验要求、标识的安装要求等方面进行的规定。

5 安装技术要求

5.1 基本要求

5.1.1 尾板安装应由车辆生产企业或由车辆生产企业授权的单位按照相应工艺文件、检验文件进行安装和检验。安装前车辆技术状况应满足尾板安装的技术条件。安装后在车辆正常使用条件下,应保证尾板产品实现其固有功能,并达到其性能要求。

条文释义

本条款规定了尾板安装的实施主体,包括车辆生产企业或由车辆生产企业授权的单位(例如下属的二级公司改装车厂、尾板生产及服务企业以及其他定点机构)。此前尾板的安装一般由尾板生产企业负责,建议车辆生产企业与尾板生产企业进行合作,互通有无、联合设计、分工合作、获得授权,以对尾板合法安装。

尾板安装前,需要核对车辆技术状况,确保车辆公告中允许安装尾板且相应的结构、技术参数与公告一致,如车辆公告中未提及允许安装尾板的车型安装尾板,则认定为非法改装。

车辆在开发时已与相应的尾板规格型号进行联合设计,因此安装时,只能安装指定规格型号的、符合同一型式判定条件的尾板,严格遵守相应的工艺文件,并对尾板安装后进行规定的性能检验,确保尾板可实现其固有的功能和达到其性能指标。

5.1.2 应按以下要求进行安装操作:

a)采用技术文件规定的尾板安装零部件对尾板进行安装作业;

b)不应对车辆识别代号、发动机(驱动电机)型号和出厂编号、零部件编号、产品标牌、车辆后号牌板(架)、发动机(驱动电机)标识等标志进行遮盖(遮挡)及其他破坏性操作;

c)不应对车辆主体结构进行除尾板安装工艺文件规定范围以外的焊接、切割、钻孔、挖补、打磨、挪位等作业;

d)不应对车辆后部照明和信号装置进行增减或改造;

e)对车辆已有线路、管路做好防护,不改变车辆自身原有电路、油路和/或气路的总体布置,且不影响其各相关部件功能;

f)电控系统/液压系统的元件、管路和线路排列整齐、固定牢靠,不与带尖锐、锋利边缘物体接触,不与传动轴、车轮等运动部件发生功能及位置的干涉;

g)各类连接牢固可靠。

条文释义

该条款要求企业(车辆生产企业或尾板生产企业)技术文件中要明确各种安装零部件的规格型号、数量及其使用规定等内容。尾板安装过程中,需要优先使用车辆自带的尾板安装零部件对尾板进行安装作业,尤其是与车辆结构相连接部分安装作业所需的零部件更要优先使用车辆自带的尾板安装零部件。

车辆生产企业在尾板安装与车辆结构的联合设计中,应该预留尾板安装孔位或通用支架,因此在尾板安装过程中,不能对车辆主体结构进行额外的焊接、切割、钻孔、挖补、打磨、挪位等作业。此外,对未预留安装孔位,但明确可在哪些区域进行机械加工的部分,需要严格按照工艺文件进行操作。

不能对车辆识别代号(或整车型号和出厂编号)、发动机(驱动电机)型号和出厂编号、零部件编号、产品标牌、车辆后号牌板(架)、发动机(驱动电机)标识等整车标志进行遮盖(遮挡)及其他破坏性操作,这与《机动车运行安全技术条件》(GB 7258—2017)的相关规定保持一致,是车辆管理的强制要求,也是尾板安装过程中必须遵守的。

在尾板与车辆联合设计时,都已经考虑到车辆后部照明和信号装置的设计,属于国家汽车产品强制检验项目,因此尾板安装过程中,不能违反设计规定对其增减或改造。

车辆已有线路、管路在安装过程中需要做好防护,避免被电焊、切割等飞溅的火花、金属残渣等击穿/烧蚀或损伤,对车辆安全造成隐患。同时,不能改变车辆自身原有电路、油路和气路的总体设计,在尾板安装的过程中一般是直接与蓄电池或专用供电接口取电,不能改变车辆的其他电路,以免影响相关总成、部件功能与质量安全。

尾板安装过程中,电控系统/液压系统的元件、管路和线路排列整齐、固定牢靠,不与带尖锐、锋利边缘物体接触,以及与传动轴、车轮等运动部件发生碰擦或干涉,确保尾板使用和车辆行驶过程中相关部件的正常使用与安全,提高部件的使用寿命。

另外,相关电、气、液、机械等连接件需要有效连接、固定牢靠,连接方式及所施加的力矩等要符合加装工艺文件的技术要求,确保尾板使用和车辆行驶过程中相关连接件可靠、有效连接。

5.1.3 应按照工艺要求安装车辆后下部防护装置和配备的侧面防护装置、车辆尾

部标志板、后部车身反光标识。

条文释义

车辆后下部防护装置和配备的侧面防护装置、车辆尾部标志板、后部车身反光标识的安装也同样需要遵循工艺文件的安装要求,车型需经过型式认证,在尾板安装后经检测机构检验合格,方可形成最终的安装工艺文件。

尾板安装时,由于悬臂式尾板结构型式的特点,极易导致车辆的后下部防护装置发生改动,因此针对这些国家标准强制性检验要求的相关项目,必须严格按照工艺的要求进行安装。

标准条文

5.1.4 应安装防止承载平台自动下落和/或自动打开而离开闭合位置的机械锁紧装置。

条文释义

与本标准的4.4 f)条款要求相结合,机械锁紧装置的安装是为了确保车辆停放或行驶过程中,承载平台能始终处于闭合位置,防止自动下落和/或打开,也与《机动车安全技术条件》(GB 07258—2017)的要求保持一致。闭合位置的具体定义在本标准的3.5条款已经进行了明确。锁紧装置的设计需要与车辆具体结构形式、尾板类型相匹配,同时,安装时需要严格按照工艺文件要求进行,并对安装效果进行检验。

标准条文

5.1.5 应安装车辆或尾板设计中规定的机械限位、电气限位、弹性限位装置或其他辅助安全装置。

条文释义

与本标准的4.8条款相结合,机械限位、电气限位、弹性限位装置或其他辅助安全装置的配备,是为了保证尾板重要位置的确定性、稳定性,从而保证使用者或尾板产品自身的安全。对于车辆或尾板设计中配备的机械限位、电气限位、弹性限位装置或其他辅助安全装置,需按照工艺文件的要求进行安装,并在后续的检验中对安装的效果进行检验,确保安装质量与使用效果。

标准条文

5.2 液压和电控系统安装与布置要求

5.2.1 应按照设计文件、工艺文件的要求,安装尾板液压及电控系统的管路、线路、总成和元件。

条文释义

现有尾板产品一般的动力与功能实现方式是由电力驱动液压机构完成各项规定的动作，往往包含液压系统的高压和供电系统的大电流，因此，需要严格按照设计文件和工艺文件对尾板液压及电控系统的管路、线路、总成和元件进行安装，提高安装的规范性，确保工作质量，保证液压系统和电控系统的安全。对于在安装中遇到的困难或出现难以实现的情况，需要与车辆生产企业进行沟通、确认。换句话说，该条款要求车辆生产企业的技术文件内容要全面、适用、可操作。

标准条文

5.2.2　应确保尾板液压及电气系统的管路、线路、总成和元件与车辆原系统不发生功能及位置的干涉，并与燃油箱、油路、热源等保持有效隔离，且随尾板运动而改变位置的管路或线路也不应与车体任何部位产生功能及位置的干涉。

条文释义

由于尾板安装基本上是在原有货车、挂车产品基础上通过改装设计而来的，与本标准4.5e)条款相结合，本条款是共同保证安全要求的有关规定。在具体的安装过程中，需要保证尾板的相关部件与车辆原系统不发生功能和位置干涉，避免对原管路、线路等产生影响，对车辆安全带来潜在隐患。保持与燃油箱、油路、热源等有效隔离，避免直接接触和可能的干扰、影响，是为了消除火灾发生的可能。此外，尾板运动时的部件或管路也不与车体上的任何部件发生摩擦或干涉，提高作业过程的安全性，确保相关部件的使用寿命。

标准条文

5.2.3　固定式电控操作装置应布置在车辆右后侧，固定可靠，且能保证操作者安全与方便地操作，其中心至车厢右后端边缘的距离 L_1 宜为 300mm ~ 600mm，见图 3-12a)［注：标准原图号为图 5a)］；有线移动式电控操作装置宜在货厢内部设置固定安放位置。

条文释义

固定式电控操作装置首先需要固定良好，放置在安全且便于操作的位置。通过调研现有尾板电控操作装置的布置位置，给出了其需要布置在车辆右后侧的规定，主要原因是驾驶员从车辆左侧下车后，环视尾板情况，并将机械锁止装置打开，正好处在车辆右后侧，便于直接进行相关作业。而且，针对我国现行的靠右行驶规定，在右侧靠道路外侧的位置停车实施作业操作时，能够避开正常的周边交通，对操作者比较安全。

本标准中给出了固定操作装置其中心至车厢后端边缘距离的推荐值,既保障操作者自身安全,防止操作者人体,特别是头部侵入尾板运动轨迹内,又可保证操作者对尾板作业区域的观察。对特殊结构型式的尾板,该距离可低于或高于该值范围。相关距离通过大量的调研分析,考虑了固定操作装置长度,与《车用起重尾板》(QC/T 699—2019)中的要求保持一致,同时也确保其与车厢后边缘间仍保留一定空隙,方便车辆生产企业的总体布置。

移动式电控操作装置一般可分为有线和无线遥控两种,安装在车厢内部或其他便于操作的位置,出于安全和使用方便等方面考虑,一般需要设置固定的安放位置,其安放位置应便于车下人员取用,且避开货物运输通道,不影响货物摆放与装卸,避免减少车厢的装货容积。

5.2.4 液压及电控系统安装后,应确保液压管路、电气线路、控制部件等位于车辆右侧防护装置以内。位于车辆右后侧、车厢以下的尾板电控操作装置的最外侧边缘离车厢外边缘的距离 L_2应小于或等于200mm,且宜大于或等于100mm,见图3-12b)[注:标准原图号为图5b)]。

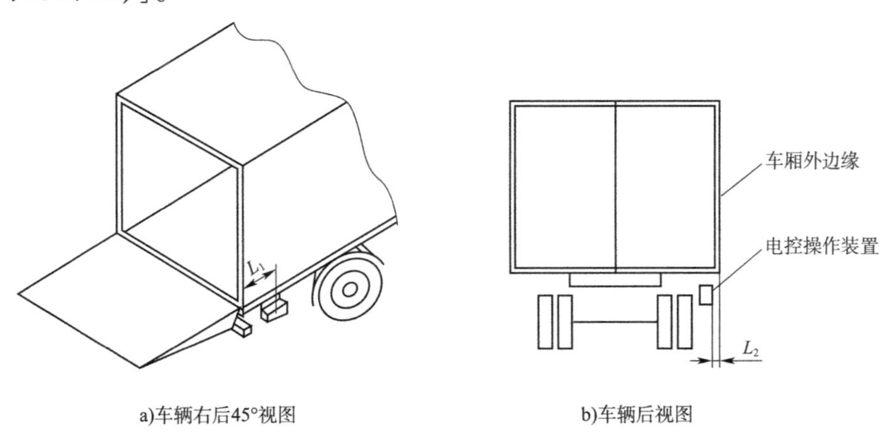

a)车辆右后45°视图　　b)车辆后视图

图3-12 固定式电控装置安装示意图

条文释义

液压管路、电气线路、控制部件等需要安装在车辆侧面防护装置以内,不能超出车辆侧面防护装置,以确保侧面防护可对相关部件实施有效的保护。

此外,位于车厢以下的尾板电控操作装置的最外侧边缘离车厢外边缘的距离宜大于等于100mm,且不超过200mm,是为了保证相关部件、装置的安全性,同时不宜探入量过大,对操作尾板带来不便。该要求部分内容为推荐性条款,主要是实际调研中了解到部分车辆设计可能存在电控操作装置布置不开,难以达到该间距要求。另外,控制部件安装在车辆右侧，也同样是出于对维护和操作过程中操作人员位置安全的考虑，同本标准5.2.3条款。

标准条文

5.2.5　O_3类、O_4类厢式挂车供电系统的选型与安装应满足4.6的相关要求。

条文释义

O_3类、O_4类厢式挂车供电系统则需要依据车辆设计要求中的相关条款进行选型与安装，相关选型要求主要是依据尾板的作业场所，可灵活选择供电的方式，推荐使用挂车直接配备蓄电池的方式，但具体安装仍需要满足本标准对应条款的要求，确保安装可靠。本条款要求车辆生产企业技术文件中应明确适用的供电方式，且具有相应的功能配置与操作要求等。

标准条文

5.3　试验要求

5.3.1　尾板安装完成后，应按照QC/T 699要求进行空载运行试验与负载运行试验。试验时尾板运动应平稳、协调，无卡阻，无异常噪声，液压系统的外部渗漏应符合尾板产品标准的规定。

条文释义

试验是尾板安装过程中所必须开展的，主要是为了检验尾板安装质量与实际使用效果，在安装完成后，需要模拟尾板使用主要工况。相关试验主要包括空载运行试验与负载运行试验工况，以及尾板下沉量检验等。此条款规定了空载运行试验与负载运行试验的相关要求。

图3-13　尾板空载运行试验及警示旗状态

空载运行试验和负载运行试验均需要按照《车用起重尾板》（QC/T 699—2019）要求进行，运动过程中，尾板动作平稳、协调，无卡阻，无异常噪声，液压系统的外部渗漏也需要符合相应尾板产品标准的规定。相关试验需要各运行3次，以检验尾板安装的质量与使用效果，如图3-13所示。

标准条文

5.3.2　尾板安装完成后，应进行满载试验，每次试验承载平台四角下沉量的平均值应不大于5mm，且试验过程中机械系统、液压系统各部件工作正常，液压系统不应出现外部渗漏，尾板与车辆的连接部位应无裂纹和明显变形，试验步骤如下：

a)将承载平台举升至1/2最大垂直移动距离的位置,保持水平,测量平台四个角的离地位置高度;

b)向尾板额定载荷的质心位置处均布加载125%的额定载荷,静置10min后,将载荷移出承载平台,再次测量平台四个角的位置高度;

c)计算加载前后承载平台四角位置下沉量的平均值;

d)上述试验重复3次。

条文释义

为了确保尾板的可靠性,还需要对尾板进行强化试验,如尾板下沉量试验,以检验尾板承载的稳定性,如图3-14所示。下沉量试验是一个综合检验试验,检验尾板的性能以及尾板与车辆连接部位的强度。相关方法和要求与已修订发布的《车用起重尾板》(QC/T 699—2019)保持一致,是尾板产品定型试验中的必备要求,同时也是尾板安装到车辆之后,出厂之前的必检项目,该项目对检验尾板安装的整体性能具有重要意义。该试验是在车辆满载状态下进行的,在开展完该试验后,液压系统不能出现外部渗漏,尾板与车辆的连接部位也不能有裂纹和明显变形。

图3-14 尾板满载下沉量试验

标准条文

5.4 标识的安装要求

5.4.1 应在承载平台处于水平位置时面向地面的一面设置用于增强平台可视性的警示旗。警示旗安装后应能摆动,并始终垂向地面,且其上的反光标识应朝向车辆后侧(参见附录A),反光性能应满足GB 25990的相关要求。

条文释义

标识的安装一般是尾板安装的最后步骤,主要包括警示旗安装、载荷质心位置的标记(部分尾板出厂后已做好)、尾板承载曲线图、安全作业区域标识以及可能需要喷涂/粘贴的放大牌号等。

尾部警示旗是尾板产品中明确要求的相关部件,主要是用于尾板展开、工作期间,提醒车辆后方行人、车辆不要靠近工作区域,以免影响正常货物装卸操作或受到伤害。警示旗固定在承载平台上,反光标识应始终朝向车辆后侧(或外侧),并可绕尾板上某一固定点/轴转动,无论承载平台处于何种角度,都可依靠自身重力始终垂向地面,为行人与车辆展示出较大的警示面,如图3-15所示。

a)尾板水平状态

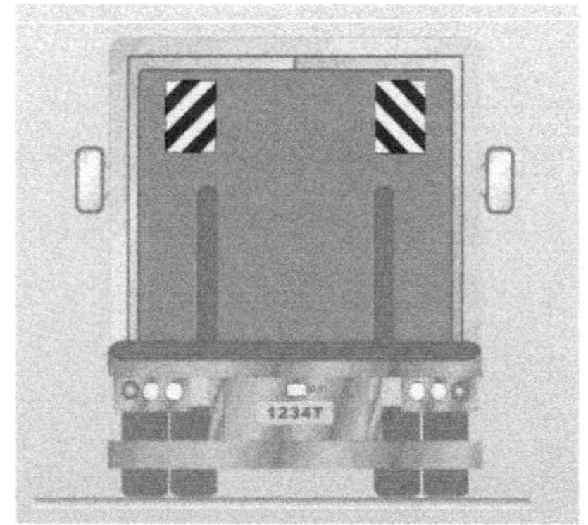

b)尾板收起后状态

图 3-15　尾板警示旗

为了保证警示旗能起到醒目的提示效果,因此在标准中要求警示旗上的反光性能要满足《车辆尾部标志板》(GB 25990—2010)的相关要求,与本标准 4.4 d)条款相结合,便于理解和应用。

5.4.2　应在承载平台上标识能永久保持的额定载荷的质心位置。

条文释义

额定载荷的质心位置标识位于尾板承载平台上,通常是采用喷绘的方式,将允许额定装载的货物载荷喷在尾板相应位置,并用一条直线(或再增加一条中心线)进行标识,以方便用户进行合理装载。在该直线以内靠近车厢部分,方可实现额定载荷对应质量货物的装载。超出规定的载荷或者更向外的位置放置会产生过力矩的风险,极易导致货物装卸过程中发生倾覆,因此,都是被禁止的。企业应结合尾板产品的相关特点与要求在相应技术文件中明确尾板装卸货物的具体要求和操作流程,用图示或文字给出安全警示(图 3-16),提醒用户正确、安全、高效地使用尾板。

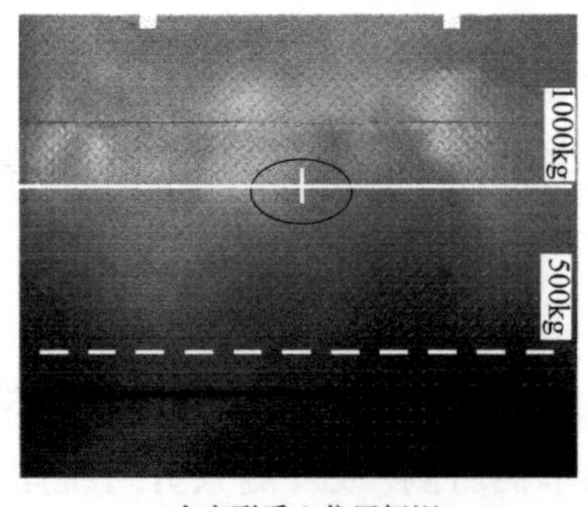

a)十字形质心位置标识

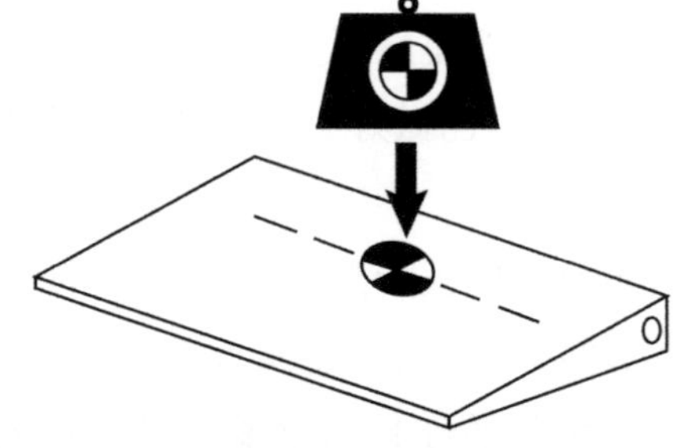
b)圆形质心位置标识

图 3-16　额定载荷的质心位置标识

标准条文

5.4.3 应在车厢或尾板显著位置固定/喷涂尾板承载曲线图的图示、图表与安全作业区域标识图,参见附录 B 示例。

条文释义

尾板承载曲线图、尾板安全作业区域标识图可以给驾驶员(操作员)提供清晰、有效的提醒,使作业过程更加安全。承载曲线图是为了方便作业人员合理地进行货物装载,防止超载产生过力矩、尾板液压系统超压、尾板与车辆结构损伤或损坏以及重心严重后移造成车辆失稳等。尾板安全作业区域标识图是为了让作业人员清楚如何选择合适的区域停车作业,特别是与后方车辆或其他无关人员要有足够的安全距离,避免对自身、周边路人或其他车辆产生伤害。相关示例在本标准附录 B 中进行了列举。

标准条文

5.4.4 需要喷涂/粘贴放大牌号的车辆,其在尾板安装后应符合 GB 7258 的规定,参见附录 A 示例。

条文释义

车辆登记注册后,需要按规定喷涂/粘贴放大牌号。安装悬臂式/垂直升降式尾板的车辆,因尾板处于闭合位置时承载平台对车辆后部产生遮挡,因此需要在承载平台背面重新喷涂放大牌号,以满足《机动车运行安全技术条件》(GB 7258—2017)的要求。摆动折叠式和滑动折叠式尾板处于闭合位置时,不遮挡车辆后尾部,所以无须在尾板平台上喷涂放大牌号。

对于车辆登记注册前已安装尾板的车辆,则在车辆注册登记时,直接按规定进行放大牌号的喷涂/粘贴。

第六节 关于"6 使用要求"的释义

"6 使用要求"的提出是为了能够让使用者充分了解各项要求,使其更加安全、方便、高效地使用、维护尾板,确保尾板使用过程的规范性。

6 使用要求

6.1 使用前检查

6.1.1 液压系统管路无漏油,液压油位正常。

条文释义

装置使用前检查要求主要包含液压油位/漏油检查、电路检查、机械连接检查、管路老化情况检查、车辆放大牌号与反光标识检查等方面的内容。该部分条款的内容是为了确认尾板使用前处于良好的工作状态，车辆方可正常上路行驶，并可通过操作尾板，完成货物的装卸工作。相关检查内容主要为目测，而对于连接螺栓情况，则需要使用工具对螺栓/螺母进行紧固效果判断。

液压系统的油路对其正常工作至关重要，因此，使用前需要检查其油路系统有无漏油现象，同时也需要检查其油位，确认油位处于工作水平，避免缺油造成液压系统的损坏。

6.1.2　尾板液压系统管路、电控系统线路表皮应无老化、破损现象。

条文释义

使用前要检查各类管路/线路的状态，因为液压系统管路表皮老化极易导致管路使用中突然爆裂，电线外绝缘层破损易导致短路。有破损的管路、线路，需要及时更换，更换完成后要进行技术确认，达到要求方可使用尾板进行装卸作业。

标准条文

6.1.3　电控系统接线端的正、负极应连接可靠，绝缘良好。

条文释义

电控系统接线端正、负极的连接可靠是保证尾板正常工作的前提，如发生接线松动、接触不良、接线端子腐蚀，轻则导致尾板得不到正常供电，无法工作，重则产生局部过热或虚接闪火而形成重大安全隐患或发生安全事故。检查时，可目视检查正负极端子是否洁净，如有腐蚀氧化迹象，应及时清理或更换端子。手动检查连接正负极的电缆端子是否有松动，检查绝缘护套是否破损缺失，如有不妥，应及时拧紧固定、维修或更换。

标准条文

6.1.4　尾板机械连接机构、支撑机构、平台等部件均应牢固连接、锁紧。已安装的机械限位、电气限位、弹性限位等装置功能应正常。

条文释义

需要目测螺栓是否有移位或松动（安装时螺栓通常与装配件之间有画线标识），已移位或松动的需要使用工具将其拧紧。而机械限位装置、电气限位装置、弹性限位装置，同样是通过目测判断其是否处于完好状态，对于有破损的装置，需要进行及时更换，确保操作人员的安全。

6.1.5 车辆尾部标志板、车身反光标识、车辆放大牌号应清晰可见，后部照明、信号装置、已安装的后下部和/或侧面防护装置应完整。

条文释义

车辆尾部标志板、车身反光标识、车辆放大牌号、车辆的后下部/侧面防护装置、后部照明和信号装置的安装与使用均为强制检验项目，也是开始工作前必须检查、确认的准备工作。若有污损或缺失，应及时进行更换。

6.1.6 警示旗应完好，且其上的反光标识应清晰可见。

条文释义

警示旗对正在作业中尾板的后方车辆，可起到提示作用，如警示旗破损或反光标识不清，则起不到对后方车辆提示的效果，在发现警示旗污损、缺失或反光标识不清晰时，需及时进行更换。

6.2 操作要求

6.2.1 应按照尾板操作规程或产品使用说明书进行操作。

条文释义

操作要求主要包括货物装卸作业时尾板操作流程、液压油补充与更换、作业前准备(车辆停放位置、三角警告牌及警示标志放置、护栏安装)、装载要求、作业过程要求、作业完成后的各项后续要求等方面的内容。

尾板作业需按照尾板操作规程或产品使用说明书进行作业，避免出现尾板不合理装载或运行错误，以防尾板错误翻转、砸伤周边人员等。此条款明确要求车辆生产企业提供适用的尾板作业指导文件。

6.2.2 应按照产品维护要求，定期对液压油进行补充与更换。

条文释义

与本标准6.1.1条款相结合,在正常使用情况下,即使没有外部漏油,液压油也会出现缓慢地消耗,直到少于正常工作所需油量。而随着使用时间或使用次数的积累,内部污染物也越来越多,液压油的性能也会慢慢下降,直至性能恶化或污染度超标不能继续使用,否则会对液压系统的性能和寿命产生严重影响。出现上述任何一种情况,都需要立即按照产品维护要求对液压油进行补充或更换。一般情况下3个月需要更换一次液压油,最长不超过6个月。此条款也明确要求企业提供适用的维护文件。

标准条文

6.2.3　尾板作业时,还应遵循以下要求:

a)车辆停放在宽敞、照明良好且地面水平的安全场所,不应停在沙、土等松软的地面;

b)确认驻车制动安全有效(必要时使用三角木);

c)应在车厢尾部5m外放置符合GB 19151规定的三角警告牌;

d)配备有护栏的尾板,应按照尾板生产商的要求对护栏进行安装、固定;

e)按照尾板承载曲线图的图示、图表合理装载,禁止超载;

f)尾板作业过程中,尾板下部严禁站人,非工作人员禁止进入作业区域;

g)尾板作业人员不应站立在尾板承载平面外边缘的上方;尾板升降作业前,应确认尾板承载面上的作业人员站稳扶好。

条文释义

车辆装卸货停放位置与要求主要参考了国内的相关车辆要求与管理规定,确保车辆停放可靠,装卸作业安全。

城市物流配送的车辆通常在城市内作业,作业条件较好,即使这样,也需要在照明良好且地面水平的场所进行作业,同时确保车辆后部间隔。车辆不能停放在松软地面,主要原因是尾板上的货物较重,且多使用手动/液压叉车进行装卸,如遇松软地面,对货物的装卸产生不利,同时也对车辆稳定性产生影响。

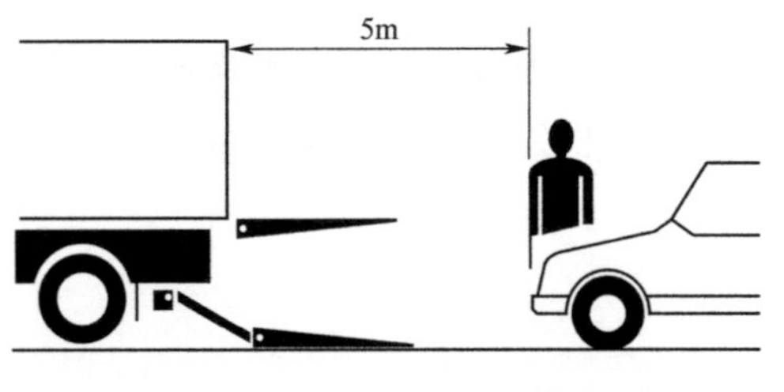

图3-17　安全卸货间隔

三角警告牌的摆放位置则主要参考了英国与我国香港地区关于警告牌作业区域外摆放的原则,警告牌应放置在车厢边缘5m外的位置(图3-17),对行人或车辆起到明确的警示作用。按我国车辆管理规定,该警告牌应符合国家标准《机动车用三角警告牌》(GB 19151—2003)要求,每车均进行配备。

尾板护栏是指可在尾板上方拆装的,用于操作人员手扶或限定货物位置的装置,尾板护栏可单独安装或直接折叠收藏于尾板正上方,结构型式多种多样,可根据尾板生产企业的规定对其进行安装,具体如图 3-18 所示。本标准条款提出了尾板护栏的功能性要求,具体的结构、参数、性能及使用操作等内容需要车辆生产企业和尾板生产企业明确规定。

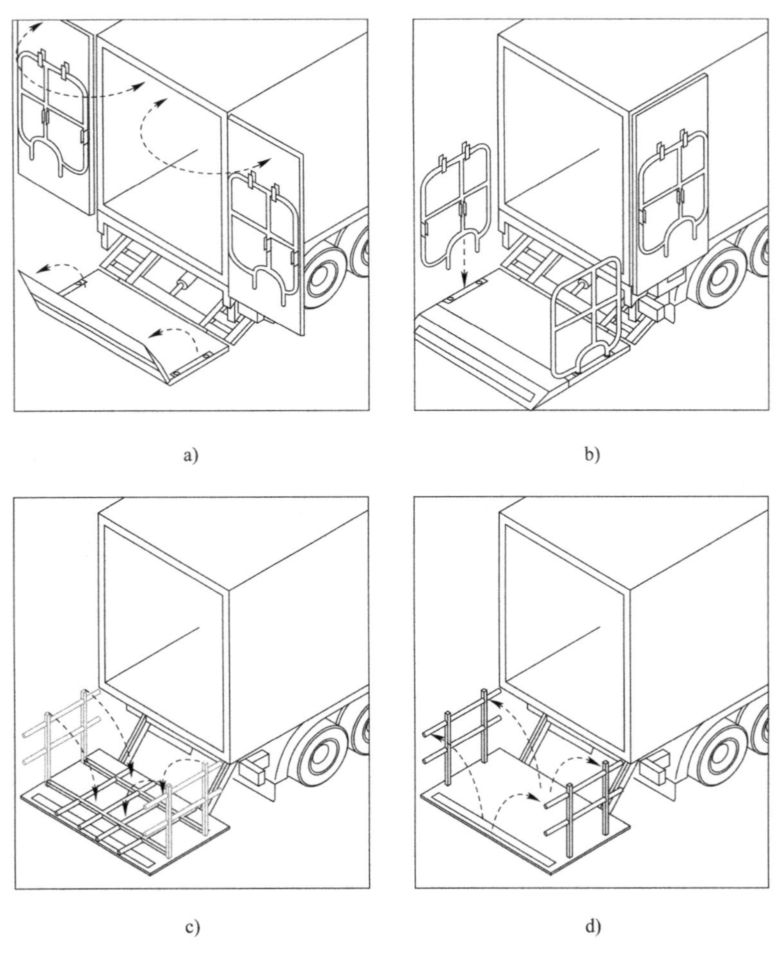

图 3-18 尾板护栏结构型式

与本标准的 5.4.2、5.4.3 条款相结合,尾板实际装载的货物质量及装载位置应符合其承载曲线图(图 3-19)规定,无论是装货还是卸货,都应该严格遵守图示规定的所装载货物总质量和质心位置的关系,简单来说,就是两者交叉点应位于尾板承载曲线中的粗实线下方。

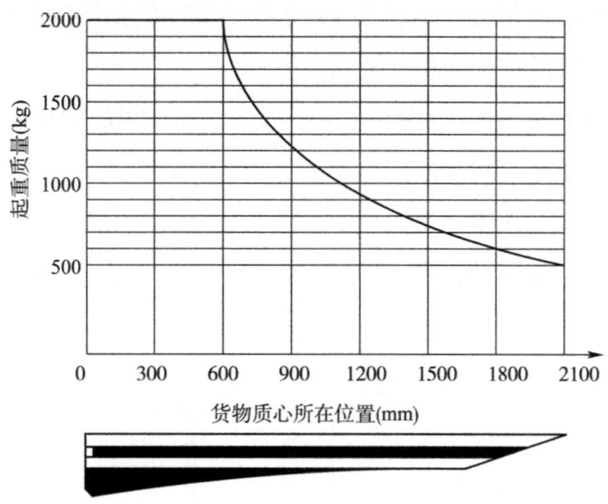

图 3-19　尾板承载曲线图示例

尾板作业时，在车厢右侧的操作人员可能存在无法观察到尾板左后方的情况，因此在作业前，需要确认尾板周边的净空间，一是防止出现意外故障、伤害（图 3-20），二是防止非工作人员影响装卸作业安全与效率。

图 3-20　尾板下方严禁站人

尾板作业人员不能站立在尾板承载面外边缘上方，尾板升降作业前，应确认尾板承载面上的作业人员站稳扶好。主要是为了避免尾板工作时，人员从尾板边缘跌落，或是由于货物移动导致作业人员受伤。

为保证装卸安全，通常条件下应将发动机（驱动电机）停机后方可进行尾板装卸作业，但在个别情况下，出现车辆自身蓄电池电量不足时，可在发动机怠速状态下为蓄电池充电，保证提供尾板作业所需的电能，但需严格按照操作规范进行作业。

标准条文

6.2.4　尾板作业完成后，应拆卸护栏（如安装），收起尾板承载平台至闭合位置，操作机械锁紧装置，使其处于锁紧状态。关闭尾板电源开关，收起三角垫木（如放置）、收起并妥善放置机动车三角警告牌。

条文释义

完成尾板装卸货物，车辆起动前，要拆卸尾板护栏（如安装）、收起尾板承载平台、关闭尾板电源开关，且将机械锁紧装置置于工作状态，使其处于锁紧位置，然后收起三角垫木（如放置）、收起并妥善放置机动车三角警告牌，确保车上的物品不遗漏且按规定有效固定。

第七节　关于“7　检验”的释义

“7　检验”主要分为检验类型及使用范围、检验项目、检验方法与要求等方面，主要是对照本标准第4章、第5章和第6章的内容进行检验。

7　检验

7.1　检验类型

7.1.1　尾板安装的检验类型分为型式检验、安装后检验、定期检验。

条文释义

本标准中明确了检验共分为型式检验、安装后检验和定期检验三类，不同检验类型对应尾板安装与使用管理的不同阶段。

标准条文

7.1.2　型式检验适用于新设计、选型、安装尾板的定型检验。有下列情形之一，应进行型式检验：

a)新设计车辆或新选型尾板产品的定型鉴定；

b)正式投产后，如结构、材料、工艺有较大改变，可能影响产品性能时(可仅对受影响的项目进行检验)。

条文释义

型式检验适用于首次尾板安装后的技术、质量和安全检验以及出现重大改变后的技术、质量、安全验收，型式检验内容全面，综合考虑到设备的安全性以及加装的可靠性，相关检验项目、方法与要求见表3-2，表3-3。

检验规则与抽样：

本标准规定了以下两种情况应进行产品的型式检验，以保障产品的使用安全性。一是新设计车辆或新选型尾板产品的定型鉴定；二是正式投产后，如结构、材料、工艺有较大改变，可能影响产品性能时(可仅对受影响的项目进行检验)。

样品的抽样则依据产品标准《车用起重尾板》(QC/T 699—2019)及企业内部的相关规定，或与检测机构协商后进行。

7.1.3　每台尾板安装后应进行安装后检验，经车辆生产企业或由车辆生产企业指

定单位的质量检验部门检验合格并签发检验合格证明文件后，方可出厂。

条文释义

安装后检验适用于尾板产品安装到车辆后对车辆及尾板所进行的技术检验，检验合格的车辆在企业内部按规定签发合格证明文件后，方可出厂，相关检验项目、方法与要求见表3-2，表3-3。

标准条文

7.1.4　安装尾板的车辆应进行定期检验，并在检验合格后，由检验实施单位签发定期检验合格证明文件。定期检验记录表参见附录C。

条文释义

定期检验适用于车辆管理部门定期对已批准认可装有尾板车辆的技术检验，主要针对车辆年检/年审，相关内容以目测为主，相关检验项目、方法与要求见表3-2，表3-3，记录表格式、内容参见本标准附录C。

标准条文

7.2　检验项目

检验项目见表3-2（注：标准原表号为表2）。

检验项目　　表3-2

检验项目		对应条款	检验类型		
			型式检验	安装后检验	定期检验
尾板选型及车辆设计	尾板选型	4.1	●	●	
	车辆生产企业尾板安装技术文件	4.2、4.4、4.5、4.8	●		
	车辆最大允许总质量、尾板额定载荷与总质量限值	4.3	●		
	尾板安装后，车辆纵向长度增加值	4.3	●	●	●
	挂车尾板供电	4.6	○	○	○
	其他设计要求	4.7、4.9	○	○	○
通用安装	车辆自带的尾板安装零部件使用	5.1.2 a)	●	●	
	车辆识别代号、发动机（驱动电机）型号、车辆后号牌板（架）等的完整性	5.1.2 b)	●	●	
	车辆主体结构改造与技术文件的一致性	5.1.2 c)	●	●	●
	车辆后部照明和信号装置变动	5.1.2 d)	●	●	●
	车辆已有线路、管路的完好性以及新增管路与原有管路是否干涉	5.1.2 e)	●	●	●
	电控系统/液压系统是否与尖锐物体及运动部件碰擦或干涉	5.1.2 f)	●	●	●

续上表

检验项目		对应条款	检验类型		
			型式检验	安装后检验	定期检验
通用安装	连接件的牢靠程度	5.1.2 g)	●	●	●
	车辆后下部防护装置、车辆尾部标志板、后部车身反光标识	5.1.3	●	●	●
	单独配备的侧面防护装置	5.1.3	○	○	○
	机械锁紧装置	5.1.4	●	●	●
	其他机械限位、电气限位、弹性限位装置或其他辅助安全装置	5.1.5	●	●	●
液压和电控系统安装	液压及电气系统的管路、线路、总成和元件的布置位置	5.2.2	●	●	
	电控操作装置固定可靠性	5.2.3	●	●	●
	液压管路、电气线路、控制部件与车辆侧面防护装置对应关系	5.2.4	●	●	●
	O_3类、O_4类厢式挂车供电系统的选型与安装	5.2.5	○	○	
试验要求	空载运行试验	5.3.1	●	●	●
	负载运行试验	5.3.1	●	●	
	尾板下沉量及整个系统工作状况试验	5.3.2	●	●	
标识安装	警示旗	5.4.1	●	●	●
	额定载荷质心位置标识	5.4.2	●	●	●
	尾板承载曲线图的图示、图表与安全作业区域标识图	5.4.3	●	●	●
	车辆放大号	5.4.4		○	■
注:●——必检项目;■——适用于已登记注册车辆;○——仅适用于产品技术文件中提及的装置。					

条文释义

检验项目中列举了型式检验、安装后检验、定期检验三种检验,其中型式检验最为全面。检验项目包括必检项目、适用于已登记注册车辆项目、产品技术文件中提及的特殊装置等三大部分;可根据尾板安装的实际情况以及检验场所的总体作业情况,确定检验项目的适用性。

7.3 检验方法与要求

检验方法与要求见表3-3(注:标准原表号为表3)。

检验方法与要求　　表3-3

检验项目		检验方法	检验要求
尾板选型及车辆设计	尾板选型	目视比对检查	需配备尾板型式检验证明文件，及产品合格证明文件，并与车型中规定的尾板类型和主要技术参数匹配
	车辆生产企业尾板安装技术文件	目视检查	包含轴荷、尺寸，后下部防护、侧面防护、后部照明和信号装置、反光标识、机械锁紧装置、限位装置等的安装规定与要求
	车辆最大允许总质量、尾板额定载荷与总质量限值	用地磅或轴(轮)重仪等装置称量	最大允许总质量、安装前后车辆质量变化符合表3-1(注：标准原表号为表1)要求
	尾板安装后，车辆纵向长度增加值	用长度测量工具测量	符合表3-1(注：标准原表号为表1)要求
	挂车尾板供电	目视检查	电缆连接件正负极接线端子标识清楚，蓄电池放置支架牢靠(如存在)
	其他设计要求	目视检查	检查相关技术文档
通用安装	尾板安装零部件使用	目视检查	使用技术文件规定的零部件进行正常安装
	车辆识别代号、发动机(驱动电机)型号、车辆后号牌板(架)等的完整性	目视比对检查，目视难以清晰辨别时使用内窥镜等工具；目测号牌安装位置、形式，有疑问时使用长度测量工具测量相关尺寸	所有车辆识别代号、发动机(驱动电机)型号内容与出厂时一致，车辆后号牌板(架)尺寸满足号码安装尺寸要求
	车辆主体结构改造与技术文件的一致性	目视比对检查	确认未对尾板安装工艺文件规定范围以外的结构进行机械加工
	车辆后部照明和信号装置变动	目视检查并操作	符合GB 4785的规定
	车辆已有线路、管路的完好性以及新增管路与原有管路是否干涉	目视检查	线路布线完好，管路无干涉
	电控系统/液压系统是否与尖锐物体及运动部件碰擦或干涉	目视检查并操作	电控系统/液压系统未与尖锐物体及运动部件碰擦或干涉
	连接件的牢靠程度	目视检查并操作	连接件无松动，拧紧力矩符合要求
	车辆后下部防护装置、车辆尾部标志板、后部车身反光标识	目视检查，目测防护装置单薄、安装不规范时，使用长度测量工具；目测逆反射系数偏小时，使用专用检验仪器	符合GB 11567、GB 25990、GB 7258的规定

续上表

检验项目		检验方法	检验要求
通用安装	单独配备的侧面防护装置	目视检查,目测防护装置单薄、安装不规范时,使用测量工具检查	侧面防护装置应正常有效
	机械锁紧装置	目视检查并操作	与车辆安装可靠,功能正常
	其他机械限位、电气限位、弹性限位装置或其他辅助安全装置	目视检查并操作	对照企业提供的技术文件进行操作检查,各功能工作正常
液压和电控系统安装	液压及电气系统的管路、线路、总成和元件的布置位置	目视检查并操作	布置整齐、捆扎成束、固定卡紧,无破损
	电控操作装置	目视检查并操作	固定牢靠,且在车辆右后侧
	液压管路、电气线路、控制部件与车辆侧面防护装置对应关系	目视检查	相关部件位于车辆侧面防护装置以内
	O_3类、O_4类厢式挂车供电系统的选型与安装	目视检查	电缆连接件正负极接线端子标识清晰,或蓄电池放置支架固定牢靠,或作侧防护部分未破坏车辆主要承载梁
试验要求	空载运行试验	保持车辆停稳,操作尾板控制系统使其按照从(开门→)下降落地→(翻转搭地→翻转抬平→)离地提升(→关门)进行运动3次	运行平稳,无卡滞,无异常噪声,液压油无渗漏
	负载运行试验	保持车辆停稳,装载额定载荷到尾板承载平台,操作尾板控制系统使其按照离地提升→下落至地面,重复进行3次	运行平稳,无卡滞,无异常噪声,液压油无渗漏
	尾板下沉量及整个系统工作状况试验	按5.3.2进行操作	下沉量平均值均不大于5mm,试验过程中各部件工作正常,液压系统不出现外部渗漏、尾板与车辆连接部位无裂纹和明显变形
标识安装	警示旗	目视检查并操作尾板升降1次	可自由摆动,且反光标识清晰、朝向车辆后侧
	额定载荷质心位置标识	目视检查	标识点或标识线清晰完整
	尾板承载曲线图的图示、图表与安全作业区域标识图	目视检查	相关标识清晰完整
	车辆放大号	目视检查,目测字高偏小时,使用长度测量工具测量相关尺寸	尾板收起后放大号清晰、无遮挡

条文释义

相关检验方法与要求是针对检验项目条款进行的列举，相关术语的表述参考了GB 21861中的相关检验要求，相关要求更为明确，便于操作、实施，同时针对强制性标准与法规中要求的检测项目，在检验要求中，也仅进行了列举，具体的检验要求，仍需遵照强制性标准与法规的相关规定。

第八节　关于“附录A　车辆后部标志板、后部车身反光标识、警示标识、放大号布置区域示例”的释义

标准条文

附录A　车辆后部标志板、后部车身反光标识、警示标识、放大号布置区域示例

车辆后部标志板、后部车身反光标识、警示标识、放大牌号布置区域示例见图3-21（注：标准原图号为图A.1）。

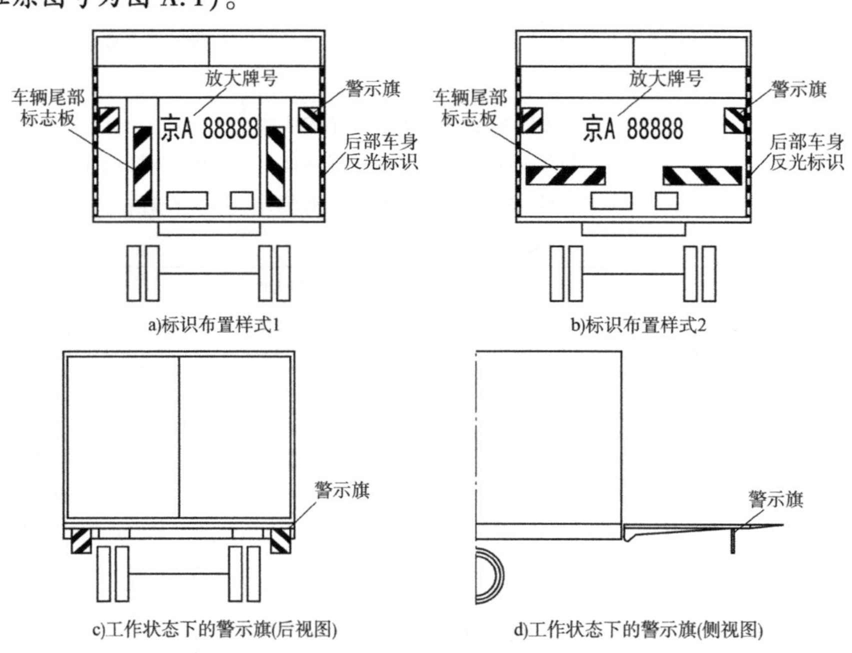

图3-21　车辆后部标志板、后部车身反光标识、警示标识、放大牌号布置区域示例

条文释义

该附录为资料性附录，图3-21a)和b)是基于悬臂式尾板结构提出的一种典型标识安装区域的安装布置，可供本标准使用者参考。图3-21c)和d)是警示旗的工作状态示例，警示旗的反光条方向为向外，提醒车辆向两侧行驶。图3-22给出了相关标识的装车

实例,企业在尾板安装时可参考。

图 3-22 车辆后部标志板、警示标识布置实例

第九节 关于“附录 B 尾板承载曲线图与安全作业区域标识示例”的释义

附录 B 尾板承载曲线图与安全作业区域标识示例

B.1 尾板承载曲线图

尾板承载曲线图的横坐标为货物质心所在位置,纵坐标为起重质量,粗实线代表不同质心位置时,尾板最大起重质量。下方视图为工作状态下的承载平台侧视图。装载时,粗实线下方为货物质心允许位置。图 3-23(注:标准原图号为图 B.1)给出了额定载荷为 2000kg 的尾板承载曲线图。

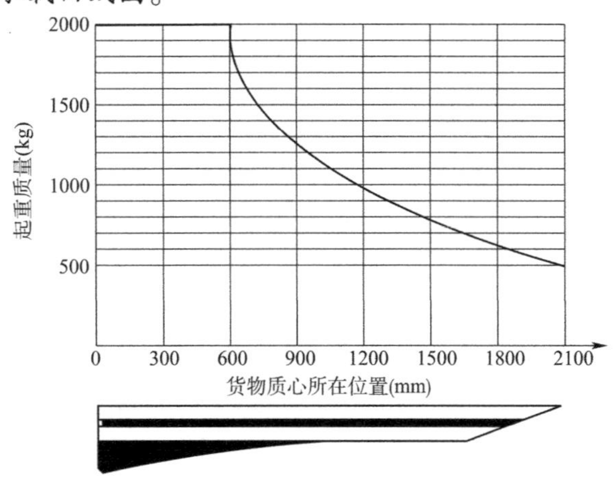

图 3-23 尾板承载曲线图示例

条文释义

该条款为资料性附录，尾板承载曲线图是按照力矩平衡的方式计算绘制而出，尾板大多把额定载荷（起重质量）的位置设置在离车厢边缘600mm处，主要是结合货运托盘的尺寸（1200mm×1000mm）提出的，确保其装载托盘时，能清楚地确定最大起重质量。货物质心离车厢边缘越远，则尾板的最大起重质量越低。图3-24给出了目前现有车用起重尾板的承载曲线图。

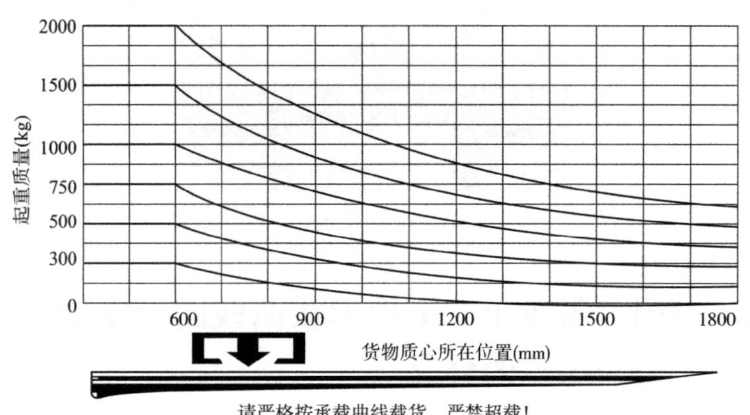

图3-24 尾板承载曲线图

标准条文

B.2 安全作业区域标识图

安全作业区域标识示例见图3-25（注：标准原图号为图B.2），图中左侧为厢式货车车体，右侧为货物装卸安全作业区域。

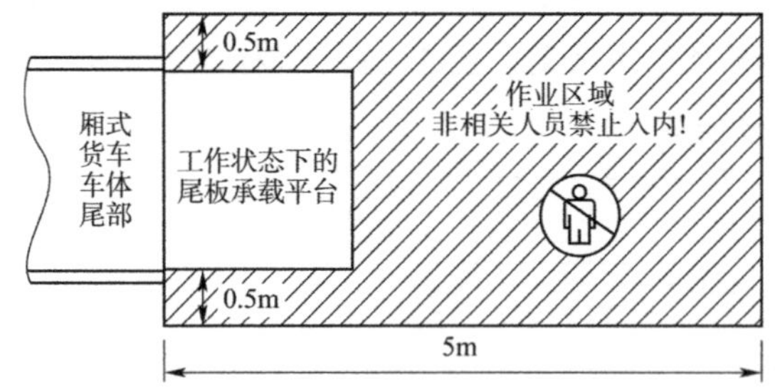

图3-25 安全作业区域标识图示例

条文释义

安全作业区域标识图是参考了英国和我国香港地区关于尾板产品及使用中的相关管理规定提出的，要求尾板作业时，两侧0.5m范围内，车厢尾部5m范围内，是货物的装卸作业区域，与装卸作业无关的人员不能入内。实际作业时，可在厢式货车车体尾部5m处，放置警示标识，提醒无关人员禁止入内。

第十节 关于“附录C 定期检验记录表”的释义

附录C 定期检验记录表

定期检验记录表见表3-4(注:标准原表号为表C.1)。

定期检验记录表　　表3-4

一、基本信息

号牌号码(编号):　　车辆型号:　　车辆识别代号(VIN):

车辆最大允许总质量(kg):　　车辆外廓尺寸(mm×mm×mm):

尾板生产企业:　　尾板型号:

二、检验结果

序号	检验项目		判定	序号	检验项目		判定
1	尾板选型及车辆设计	①尾板安装后,车辆纵向长度增加值		2	通用安装	⑪机械锁紧装置	
		②挂车尾板供电				⑫其他限位装置的功能完好性	
		③其他设计要求					
2	通用安装	④车辆主体结构改造与技术文件的一致性		3	液压和电控系统安装	⑬电控操作装置固定是否可靠	
		⑤车辆后部照明和信号装置变动				⑭液压管路、电气线路、控制部件与车辆侧面防护装置对应关系	
		⑥车辆线路、管路的完好性以及否干涉		4	试验要求	⑮空载运行试验	
		⑦电控系统/液压系统是否与尖锐物体及运动部件碰擦或干涉		5	标识安装	⑯警示旗	
		⑧连接件是否牢靠				⑰额定载荷质心位置标识	
		⑨车辆后下部防护装置、车辆尾部标志板、后部车身反光标识				⑱尾板承载曲线图的图示、图表与安全作业区域标识图	
		⑩单独配备的侧面防护装置				⑲车辆放大号	

机动车所有者:　　联系电话:

序号	不合格项(填写编号和名称)	不合格项目说明	备注

检验员结论:

检验员签字:　　授权签字人:　　检验日期:

注:判定栏中填“○”为合格,“×”为不合格,“—”表示不适用于送检车。

单位名称(盖章):××××检验机构

条文释义

定期检验记录表格式参考了 GB 21861 的格式,有利于行业主管部门在标准实施后记录格式的统一。检测人员对照检验规则,对按照安装规则进行安装的车辆进行检验,如实填写检验结果等相关内容,并加盖单位公章。

第四部分 附 录

附录一 《交通运输部办公厅 工业和信息化部办公厅 公安部办公厅 市场监管总局办公厅关于做好〈车用起重尾板安装与使用技术要求〉贯彻实施工作的通知》(交办运函〔2020〕38号)

各省、自治区、直辖市、新疆生产建设兵团交通运输厅(局、委)、工业和信息化主管部门、公安厅(局)、市场监管局(厅、委):

车用起重尾板(以下简称尾板)是安装在车辆上,用于快速装卸货物的专用举升装置,其合理规范使用可有效提升货物装卸效率、节约人力资源、提升运输组织效率,对于推进货运行业转型升级高质量发展、促进物流业降本增效具有积极意义。按照国务院关于制定货车加装尾板国家标准、完善管理的决策部署,为规范尾板安装使用,交通运输部联合相关单位研究起草了《车用起重尾板安装与使用技术要求》国家标准,标准已于2019年5月1日发布,2019年12月1日实施,标准号GB/T 37706。为做好《车用起重尾板安装与使用技术要求》的贯彻实施工作,现将有关事项通知如下:

一、建立尾板安装使用的协调配合工作机制

尾板的安装使用包括尾板生产及安装质量保障、车辆结构变更、车辆检验检测和登记管理等多方面内容,既涉及政府行政部门职责,又需要社会各有关方面的积极参与。各地区交通运输、公安、工业和信息化、市场监管等部门,要加强对尾板产品生产、安装及使用工作的领导和协调,各司其职、密切配合、互通信息、完善细化相关管理措施,建立长效管理机制,共同做好尾板的安装使用工作,为货车安装使用尾板提供便利。

二、加强尾板产品生产质量的监管

尾板生产企业应具备与尾板相关的设计、生产、试验能力,拥有完善的尾板产品可

追溯体系及售后服务管理体系。生产销售的尾板应符合《车用起重尾板》(QC/T 699)规定,并经取得资质认定的检测机构检测合格。

自2020年2月10日起,对于新申报《车辆生产企业及产品公告》(以下简称《公告》)及强制性产品认证(以下简称“CCC认证”)安装或者选择尾板的车型,其总质量和整备质量不计尾板质量,但应在《公告》参数其他栏和《机动车整车出厂合格证》备注栏中注明尾板质量,尾板安装应符合《车用起重尾板安装与使用技术要求》(GB/T 37706)相关要求。2020年2月10日前已登录《公告》并获得CCC认证的相关车型,车辆生产企业应在2020年7月1日前完成车型参数调整工作。各地市场监管、工业和信息化部门要依据职责,强化车辆生产企业、尾板生产企业的主体责任,及时查处生产销售违法行为。

三、强化尾板安装质量的监管

尾板安装应由正规车辆或尾板生产、销售、维修企业,按照车辆或尾板生产企业制定的相关安装技术要求进行安装。已注册登记的车辆加装尾板,由尾板生产企业按照标准要求负责安装。尾板安装企业要按照《车用起重尾板安装与使用技术要求》(GB/T 37706)以及相应的标准检测要求,核验尾板加装检验对应的检测项目,并由安装企业出具尾板安装合格证明(见附件),相关检验过程图像的保存周期不小于6个月。安装的尾板收起状态的水平长度不超过300mm。对于2020年2月10日后生产的车辆,仅《公告》和CCC认证中可选装尾板的车型才可加装尾板。各地市场监管、工业和信息化、交通运输等部门依据各自职责,加强对尾板生产、销售、安装、检验的监管。

四、做好安装尾板货车检验及登记管理

各地区市场监管部门要加强对机动车安全技术检验机构的培训和监督管理,机动车安全技术检验机构要按照国家机动车安全技术检验标准,对出具尾板安装合格证明的货车进行安全技术检验。各地区公安交通管理部门根据机动车安全技术检验机构出具的检验报告,依法为安装尾板的货车办理机动车登记、核发检验合格标志等业务,在机动车行驶证、登记证书上签注“加装尾板”并单独签注尾板质量;对已注册登记货车加装尾板的,公安交通管理部门在办理变更备案时,应当查验车辆,审查机动车安全技术检验合格证明、尾板安装合格证明,在机动车行驶证、登记证书上签注“加装尾板”,并按照尾板安装合格证明单独签注尾板质量。各地区交通运输部门要根据机动车检验机构出具的检验报告和公安交通管理部门机动车行驶证等,依法为安装尾板的货车进行道路运输证核发和变更,签注内容与机动车行驶证要求相同。对在用车加装尾板符合规定的,其总质量和整备质量不计尾板质量。各地区交通运输部门、公安交通管理部门在联合治超执法中,对扣除尾板质量后,车货总质量不超过超限超载认定标准的,禁止以

超载进行处罚。

五、加大尾板安装使用的宣传引导

各地区交通运输、公安、工业和信息化、市场监管等部门要加强对尾板安装与使用的宣传力度，依据各自职责，多种形式地开展宣传，为货车安装尾板提供便利。要加强《车用起重尾板安装与使用技术要求》（GB/T 37706）的宣贯工作，使尾板生产、销售、安装企业以及运输企业、车主充分了解安装尾板的检验、注册登记和变更备案等有关业务程序和注意事项。

交通运输部办公厅　　工业和信息化部办公厅

公安部办公厅　　市场监管总局办公厅

2020 年 1 月 7 日

附件

尾板安装合格证明

安装单位名称：

安装单位地址：　　　　联系电话：

<table>
<tr><td>车辆品牌/型号</td><td></td><td>车辆识别代码</td><td></td></tr>
<tr><td>车牌号码</td><td></td><td>车辆出厂年月</td><td></td></tr>
<tr><td>尾板生产企业</td><td></td><td>尾板型号</td><td></td></tr>
<tr><td>尾板序号/编号</td><td></td><td>尾板总质量（kg）</td><td></td></tr>
<tr><td>尾板额定载荷（kg）</td><td></td><td>尾板出厂年月</td><td></td></tr>
<tr><td>车主姓名</td><td></td><td>车主住址及联系方式</td><td></td></tr>
<tr><td colspan="4">尾板安装效果：</td></tr>
<tr><td>线路是否杂乱</td><td></td><td>空载运行情况（是否存在噪声、卡滞等）</td><td></td></tr>
<tr><td>满载运行情况（是否存在噪声、卡滞、漏油、结构损伤、永久变形等）</td><td></td><td>安全防护装置安装情况</td><td></td></tr>
<tr><td colspan="3">车辆后部标志板、后部车身反光标识、警示标识、放大号布置与 GB 7258 的符合情况</td><td></td></tr>
<tr><td colspan="2">（安装人签名或盖章）
年　月　日</td><td colspan="2">（安装单位公章）
年　月　日</td></tr>
</table>

（注：本表一式三份，安装单位存档一份，车主或使用者留存一份，机动车安全技术检验机构存档一份）

附录二 《在用货车和挂车加装车用起重尾板查验指南》

一、目的

为规范(出厂时未安装车用起重尾板的)在用货车和挂车加装车用起重尾板后申请变更备案时的查验项目和工作要求,制定本查验指南。

二、查验项目

结合加装车用起重尾板对车辆的影响程度,对因加装车用起重尾板而申请变更备案的在用货车和挂车进行查验时,应对照《机动车行驶证》、(车用起重尾板)《安装合格证明》查验以下项目:

1. 车辆识别代号(VIN);
2. 车辆号牌(含放大号);
3. 车辆外观形状(外部照明及信号装置);
4. 车身反光标识和车辆尾部标志板;
5. 侧面及后下部防护;
6. 车辆长度和宽度变化情况。

三、查验要求

(一)查看(车用起重尾板)《安装合格证明》,确认《安装合格证明》上的内容是否齐全完整,确认《安装合格证明》上的"安装单位(公章)"是否与"安装单位名称""尾板生产企业"一致,确认《安装合格证明》上记载的"车牌号码""车辆识别代码"是否与《机动车行驶证》记载的内容一致。对车辆出厂日期为2020年2月10日以后的在用货车和挂车,还应确认其《公告》(对国产车)和CCC认证(对进口车)中是否有"可选装尾板"的备注说明及《安装合格证明》上记载的加装尾板型号是否与备注说明相符。

符合规定的,按以下要求查验机动车:

1. 按《机动车查验工作规程》(GA 801—2019)5.11条款查验车辆识别代号。注意,若车辆用于拓印存档的车辆识别代号打刻位置在车架后部,则加装的车用起重尾板不应对该打刻的车辆识别代号形成遮挡、覆盖。

2. 确认实车号牌号码是否与《机动车行驶证》记载的内容一致并重点关注：

——实车后号牌的安装位置是否仍维持原样（即不应由于加装车用起重尾板而改变后号牌的安装位置），号牌安装是否符合 GA801—2019 附录 A 的表 A. 1 中“6　号牌板（架）/车辆号牌”的相关规定，在加装的车用起重尾板收起状态下（指尾板处于闭合位置，下同）车辆号牌的视认性是否未受到影响；

——总质量大于或等于 4500kg 的货车和总质量大于 3500kg 的挂车，在加装的车用起重尾板收起状态下，从车辆后部是否能观察到清晰的放大的号牌号码（可以通过在尾板承载平台可视面上设置放大的号牌号码以满足要求）。

3. 在加装的车用起重尾板收起状态下，确认实车外观形状是否与《机动车行驶证》上的机动车标准照片一致（因加装车用起重尾板和/或其他允许自行加装的部件而发生变化的部分除外），确认实车的后牌照灯、后位置灯、后转向灯、制动灯等后部照明和信号装置（在加装车用起重尾板时）是否未进行任何增减或改造、仍维持原样。

4. 在加装的车用起重尾板收起状态下，确认后部及侧面车身反光标识是否符合 GA801—2019 附录 A 的表 A. 1 中“15　车身反光标识和车辆尾部标志板”的相关规定；对原车后部车身反光标识受到遮挡或影响、车身反光标识面积/粘贴式样不满足要求的，应通过在尾板承载平台可视面上增加设置车身反光标识以满足要求。

对总质量大于或等于 12000kg 的货车（半挂牵引车除外）及车长大于 8m 的挂车，在加装的车用起重尾板收起状态下，确认原车的车辆尾部标志板是否未受到遮挡且完好；对原车的车辆尾部标志板受到遮挡的，应通过在尾板承载平台可视面上增加设置车辆尾部标志板以满足要求。

5. 在加装的车用起重尾板收起状态下，确认侧面及后下部防护装置是否符合 GA801—2019 附录 A 的表 A. 1 中“16　侧面及后下部防护”的相关规定。

6. 确认在加装的车用起重尾板收起状态下，车辆水平长度的变化值是否超过 300mm、横向宽度是否未发生变化（即加装的车用起重尾板的承载平台和附件在车辆横向上均应在车辆宽度范围内）。注意，根据《汽车、挂车及汽车列车外廓尺寸、轴荷及质量限值》（GB 1589—2016）的规定，不具备载货功能、收起状态的水平长度不超过 300mm 的尾板、上下坡道及类似装置不在车辆长度测量范围。因此，按照规定加装车用起重尾板不会导致登记的车辆长度发生变化。

（二）属于申请变更备案前经机动车安全技术检验合格的，还应当审查《机动车安全技术检验合格证明》，确认检验合格证明中与加装车用起重尾板相关的信息是否与（车用起重尾板）《安装合格证明》相符，确认车辆外观检查中与加装车用起重尾板相关的检验项目是否为合格；同时，通过与登记的车辆整备质量等信息进行比对等方式，分析加装的车用起重尾板的质量参数是否与《安装合格证明》《机动车安全技术检验合格证明》等凭证资料上记载的内容相符。

(三)查验过程中发现车用起重尾板的加装有其他不符合《车用起重尾板安装与使用技术要求》(GB/T 37706—2019)要求的情形,如警示旗设置不规范、车辆水平长度的变化值不符合 GB/T 37706—2019 的表 1 规定等,可在告知机动车所有人标准文件相关规定后予以变更备案。

(四)查验过程中发现其他注册登记项目有不符合机动车国家安全技术标准和管理规定情形的,经报告车辆管理所负责查验工作的领导同意后,可要求机动车所有人整改合格后再予以办理变更备案。

四、其他要求

1. 经实车查验及审查相关证明资料符合要求的,在《机动车行驶证》《机动车登记证书》上签注“加装尾板”,并按照(车用起重尾板)《安装合格证明》单独签注尾板质量。注意,在用货车和挂车按照规定加装车用起重尾板后,尾板质量不计入整备质量和总质量。有条件的地方,可以依托机动车安全技术检验机构办理在用货车和挂车加装车用起重尾板的变更备案业务。

2. 对出厂后注册登记前加装车用起重尾板的货车和挂车,参照在用货车和挂车加装车用起重尾板的情形查验车辆及审查相关证明资料。

3. 出厂时即安装有车用起重尾板的货车和挂车,注册登记查验时按照正常的流程查验实车;符合规定的,在《机动车行驶证》《机动车登记证书》上签注“加装尾板”,并按照《公告》参数其他栏和《机动车整车出厂合格证》备注栏说明单独签注尾板质量。注意,《公告》(对国产车)和 CCC 认证(对进口车)中的整备质量和总质量不包括尾板质量。

4. 设区的市级公安机关交通管理部门,宜提请交通运输部门会同工业和信息化、市场监管等部门,细化制订本地在用货车和挂车加装车用起重尾板工作方案,明确尾板生产企业、尾板安装单位、机动车所有人或使用者等相关方及相关职能部门的职责义务,明确加装有车用起重尾板的在用货车和挂车的安全技术检验项目和方法,明确因加装车用起重尾板不规范等因素导致车辆无法通过安全技术检验、完成变更备案等情形时机动车所有人或使用者的维权渠道,明确对违规尾板安装单位、机动车安全技术检验机构的处罚要求。有条件的地方,建议实行《安装合格证明》及相关检验过程图像的网络共享。

附录三　《关于做好车用起重尾板安装及使用的通知》(装备中心〔2020〕35号)

各车辆生产企业及检验检测机构：

根据交办运函〔2020〕38号《关于做好〈车用起重尾板安装与使用技术要求〉贯彻实施工作的通知》，为做好《车用起重尾板安装与使用技术要求》的贯彻实施工作，现将有关事项通知如下：

一、自2020年2月10日起，对于新申报《车辆生产企业及产品公告》(以下简称《公告》)安装或者选装尾板的车型，其总质量和整备质量不计尾板质量，但应在《公告》参数其他栏和《机动车整车出厂合格证》备注栏中注明尾板质量，格式为"尾板质量为×××kg"。

二、尾板安装应符合《车用起重尾板安装与使用技术要求》(GB/T 37706)相关要求。2020年2月10日前已登录《公告》的相关车型，车辆生产企业应在2020年7月1日前完成车型参数调整工作。对于2020年2月10日后生产的车辆，仅《公告》中可选装尾板的车型才可加装尾板。

三、承担道路机动车辆产品准入检验检测工作的机构应按照文件要求，尽快完成相应检验项目的资质认定工作。

特此通知

工业和信息化部装备工业发展中心

2020年1月20日

附录四 《关于调整〈道路机动车辆产品准入审查要求〉相关内容的通知》(装备中心〔2020〕40号)

各车辆生产企业及检测机构：

为进一步加强《公告》管理，促进《公告》产品准入体系不断完善，经请示工业和信息化部同意，现对《道路机动车辆产品准入审查要求》相关内容进行调整，增加部分强制性标准检验要求，通知如下：

1. 将GB 34660—2017《道路车辆 电磁兼容性要求和试验方法》列入公告产品准入审查要求，并取消GB 14023—2011强制性检验项目。

根据标准实施的要求，自2020年1月1日起，新申请型式批准的车型应符合GB 34660—2017《道路车辆 电磁兼容性要求和试验方法》的要求；已获得型式批准的车型，可通过变更扩展进行整改，2021年1月1日起公告内全部适用车型应满足GB 34660—2017的要求。GB 34660—2017实施后，取消原GB 14023—2011强制性检验项目。

2. 将GB 38262—2019《客车内饰材料的燃烧特性》列入公告产品准入审查要求，并取消GB/T 32086—2015强制性检验项目。

根据标准实施的要求，自2020年7月1日起，新申请型式批准的车型应符合GB 38262—2019《客车内饰材料的燃烧特性》的要求；已获得型式批准的车型，可通过变更扩展进行整改，2021年7月1日起公告内全部适用车型应满足GB 38262—2019的要求。GB 38262—2019实施后，取消原GB/T 32086—2015强制性检验项目。

3. 将GB/T 37706—2019《车用起重尾板安装与使用技术要求》列入公告产品准入审查要求。

按照《关于做好〈车用起重尾板安装与使用技术要求〉贯彻实施工作的通知》(交办运函〔2020〕38号)的要求，自2020年2月10日起，新申请型式批准的安装或者选装起重尾板的车型，应在公告参数其他栏注明尾板质量，同时提供符合GB/T 37706《车用起重尾板安装与使用技术要求》的检验报告；2020年2月10日前已获得型式批准的相关车型，应在2020年7月1日前完成车型整改工作。

4. 罐式车辆在开展GB 7258—2017侧倾稳定角项目检验时，应按照GB 28373—2012《N和O类罐式车辆侧倾稳定性要求》进行检验，侧倾稳定角限值应符合GB 7258—2017

的要求。

5. 对于选装ETC装置的车辆,应按照GB/T 38444—2019《不停车收费系统　车载电子单元》进行相关检验检测。自2020年7月1日起,新申请产品准入的车型应在选装配置中增加ETC车载装置。

6.《公告》申报系统将于2020年2月14-16日进行相关调整更新,届时将暂时关闭申报系统,请各相关企业及检验检测机构做好准备。

附件:GB 34660—2017同一型式判定技术条件(略)

工业和信息化部装备工业发展中心

2020年2月6日

附录五　《关于调整〈公告〉产品准入相关要求的通知》(装备中心〔2020〕103 号)

各车辆生产企业及检测机构:

为贯彻落实《深化收费公路制度改革取消高速公路省界收费站实施方案》(国办发〔2019〕23 号)及相关标准要求,进一步加强《公告》管理,同时考虑到疫情影响的实际情况,现将《公告》管理中产品准入方面需进一步明确和调整的有关要求通知如下:

一、选装 ETC 车载装置的相关要求

1. 自 2020 年 7 月 1 日起,新申请产品准入的车型应在选装配置中增加 ETC 车载装置,供用户自主选装。并在《公告》参数"其他"栏中描述:"该车型可选装 ETC 车载装置。"

2. 设置六个月过渡期,自 2020 年 7 月 1 日至 2021 年 1 月 1 日。过渡期内,车辆产品选装的 ETC 车载装置,可采用直接供电方式,也可采用非直接供电方式,并在《公告》参数中进行备案。自 2021 年 1 月 1 日起,新申请产品准入的车型应选装采用直接供电方式的 ETC 车载装置。

3. 采用直接供电方式的 ETC 车载装置,应按照 GB/T 38444—2019《不停车收费系统　车载电子单元》进行相关检验检测。

4. 需选装 ETC 车载装置的车型范围:乘用车、货车、客车及专用车产品,但不包括三轮汽车、城市公交客车、二类底盘基础上改装的专用作业类车辆及特型机动车产品。对于交通管理部门有特殊要求的产品,企业在申报《公告》时,也应按要求选装 ETC 车载装置。

二、EMC 检验相关要求

按照 GB 34660—2017《道路车辆电磁兼容性要求和试验方法》开展《公告》产品准入检验检测时:

1. 对于利用二类底盘改装的产品,可在二类底盘上进行试验,确保底盘的 EMC 检验项目完整,其整车电磁兼容试验可视同底盘。

2. 对于整备质量大于 20t 的二类底盘,暂不要求其整车辐射抗扰试验。

3. 对于整备质量大于 20t 的整车(一次性制造完成),暂不要求其整车辐射抗扰试验。

三、安装液压尾板检验相关要求

按照 GB/T 37706《车用起重尾板安装与使用技术要求》开展《公告》产品准入检验检测时:

1. 实施检验的车型范围:所有安装或选装液压尾板的运输类车辆,包括货车、挂车。

2. 该标准的同一型式判定条件暂定为:车辆类型(指 N_1、N_2、N_3、O_3、O_4 等)相同;起重尾板生产企业、型号相同(尾板的结构、材料、额定载荷等相同);尾板在车辆上的安装位置、方式和主要尺寸相同(需提供安装工艺文件、图纸)。

四、集装箱运输半挂车相关技术要求

对于集装箱运输半挂车牵引销处车架总高度的要求调整为:

对于运输 30 英尺及小于 30 英尺集装箱的集装箱运输半挂车,如其车架上平面是在一个完整水平平面内,则其牵引销处的车架总高度应不超过 194mm;否则,必须采用"大鹅颈"结构。

对于运输 40 英尺及大于 40 英尺集装箱的集装箱运输半挂车,如其车架上平面是在一个完整水平平面内,则其牵引销处的车架总高度应不超过 194mm;否则,必须采用"小鹅颈"结构(鹅颈落差不大于 121mm,纵梁前后上平面均直接承载)。

注:牵引销处的车架总高度是指货台承载面至牵引销与牵引座结合面的距离。

工业和信息化部装备工业发展中心

2020 年 4 月 7 日

参 考 文 献

[1] The History of Anthony Liftgates, Inc[EB/OL]. https://www. anthonyliftgates. com/Why-Anthony/History.

[2] The Evolution of the Liftgate[EB/OL]. https://supposeudrive. com/the-evolution-of-the-liftgate/.

[3] US2194403A - End gate loader-Google Patents[EB/OL]. https://patents. google. com/patent/US2194403A/en.

[4] Expansion began in the beginning of the 1970s with the development of ZEPRO tail lifts [EB/OL]. https://www. hiab. com/en/zepro/tail-lift/why-zepro/history/.

[5] 杜芳慈. 欧、美、日汽车技术法规及认证制度[J]. 轻型汽车技术,2003,169(10):2-8.